阿瑩

阿奇

2023.10.25

# 涵碧樓傳奇

## 雲林故事集

陳竹奇 著

致良出版社

*涵碧樓傳奇*

目次

# 推薦序

謝淑亞

（雲林縣副縣長）

雲林這塊土地上，有許多的故事，值得書寫。

涵碧樓當然是其中之一，這棟傳奇性的建築，還有傳奇人物陳林氏寶，都值得作家們書寫，留下紀錄，為雲林書寫更多的文學作品。

很慶幸看到涵碧樓的故事被書寫成小說。

涵碧樓的故事不只是涵碧樓，還有雲林溪，還有行啟紀念館，這些景物構成了雲林獨特的標誌，無可取代，他們不只是建築，也不只是故事，他們是雲林的精神所在，是文化的瑰寶，也是民眾可以休閒遊憩的場所，悠閒其間，建築、故事、歷史、文化，這些才是雲林的精神所在。

包括作者提到的林內神社，以及由林內神社引發的傳奇故事，譬如北白川宮能久親王，牽動著全台灣命運的乙末戰爭，以及在戰爭的英雄人物，有東武天皇之稱的日本親王，也有著俠盜美譽的廖添丁，作者的想像力無論如何馳騁，終究離不開這片土地給予的養分。

　　斗六太平老街福德宮關於縣丞姚鴻廉政親民的紀載也成為作者筆下的故事，人物栩栩如生地在太平老街上演，有陳林氏寶，有西川滿，也有姚鴻及姚莉兄妹的情義深長，正是雲林人性格的寫照。

　　雲林向來以古坑咖啡聞名，雲林是咖啡的原鄉，早在日本殖民時期便有圖南株式會社的成立，荷苞山的故事是咖啡的故事，也是雲林的故事，當然也是台日兩國友誼常存的故事。

　　雲林愛樂長期推廣合唱及表演藝術，以雲林愛樂為背景所書寫的故事，恰好為小說留下美麗的一個篇章，中間夾雜著愛情、親情，還有對於藝術的喜愛之情，濃濃的藝術氛圍與氣息，洋溢其間，並帶來生命的省思。

　　如果明天就是下一生，你將要如何度過今天呢？這個音樂劇的小說題材無疑地也是生命教育最好的題材，他直接扣問了生命的本質與意義，讓我們將藝術的愛好提升到生命教育的內涵，讓雲林的小朋友都能夠共同來欣賞。

　　雲林溪的生態是我長期以來關心的，沒有河川，無以創造生命，沒有河川，城市沒有記憶與靈魂，沒有河川，大地將缺乏生機，雲林溪承載的不只是雲林人的歷史、回憶，也承載著我們對土地的尊重，對生命的熱愛，願我們珍惜每一條像母親一

樣孕育我們，撫養我們，並且撫慰我們的河川與溪
流，讓我們能夠永久與這些溪流河川生活在一起，
聆聽鳥語，鼻聞花香，共享雲影天光。

## 自序

### 斗六門的故事

在斗六門的故事裡
我們看到姚鴻的足跡
清廉可以刻在石碑上
供後人追隨憑弔

雲林溪的日與夜
有翠鳥的身影掠過
那是每個人想要的幸福
值得付出青春
努力自由飛翔

飛到北港溪口
我們看到先祖們的械鬥
開拓功勞你爭我奪
其實天公看顧的
不會只有一個

我們在鐵國山上
奮力戰鬥

東武天皇的櫻花林下
有武士道的英靈綻放
林內神社
殖民者與反抗者
身影共舞著歷史

涵碧樓前
寫過一頁傳奇

你可以閱讀西川滿
也可以書寫
自己的篇章

涵碧樓傳奇

## 艾蜜莉的抉擇

　　艾蜜莉從幕後走向舞台，舞台上有一束聚光燈，她氣定神閒地站在聚光燈為她圈定好的位置，開始演唱今天音樂劇的壓軸，「如果明天就是下一生」。

　　歲月在你我呼吸間流浪

　　當終點抵達　那些想望休息了嗎？

　　身心在日出日落間耗轉

　　當無常宣判　你的心回家了嗎？

　　清亮通透的女高音獨唱，讓現場所有觀眾都屏住呼吸，將目光投注在艾蜜莉的獨唱。

　　山線合唱團團長徐惠珍指揮合唱團所有團員接手加入演唱第二段

　　周遭一幕幕演出　不存在的陌生

　　尋尋覓覓哦　斷線珍珠怎麼接？

　　失落的音符怎麼唱？

　　沒有人察覺艾蜜莉在此時此刻，聲音已經近乎哽咽。因為合唱團的加入，不再讓女高音一枝獨秀，哽咽並未被發現。

　　第三段由合唱團全體成員一起完成，全場響起熱烈的掌聲。

　　爆滿的雲林演藝廳，安可聲沒有間斷，這時候連團長徐惠珍都因觀眾的熱情而深受感動，眼眶中竟含著淚光。

　　艾蜜莉的哽咽，是因為擔綱音樂劇的女主角讓因為失婚而失去自信的她，重新找回自信，卻面臨命運的捉弄，心中有無限感慨。而團長徐惠珍的淚光則純粹是因為喜愛合唱而籌畫音樂劇，受到觀眾的熱情支持而感動。

　　在觀眾激情的渲染下，徐惠珍拉著艾蜜莉的手，帶領所有團員一起謝幕，鞠躬答謝觀眾。

　　這齣音樂劇叫做「艾蜜莉的抉擇」，是由林美吟擔綱演出，故事敘述一名叫做艾蜜莉的女高音，一直沒有找到真愛，她曾經歷過幾次感情的挫敗，也曾經歷過一次婚姻，最終因為前夫的劈腿出軌而走向離異一途，正當她好不容易找到真愛的時候，命運作弄人，她到醫院檢查肺部的結果，竟然發現自己罹患肺腺癌，所剩歲月已經不多。

　　艾蜜莉與她的真愛朱利安之間雖然彼此互有好感，但並未說破，男方也尚未向她告白。艾蜜莉得知噩耗後，一度想要與朱利安斷絕聯繫。朱利安發現艾蜜莉有意疏遠，也覺得相當疑惑，兩人是久別

重逢的大學同學，明明對彼此都有好感，為何突然之間斷了聯繫？

由於艾蜜莉一直拒絕聯繫，朱利安在追尋無果的情況下，只好利用艾蜜莉最後一場音樂劇演出的時候，到演藝廳觀賞艾蜜莉的演出，艾蜜莉對於朱利安的出現，事先並不知情，這齣音樂劇最後一幕由艾蜜莉擔綱演唱，唱的正是「如果明天就是下一生」這首歌，艾蜜莉身患絕症，今生已經無望，她想問朱利安的是，如果還有來生，如果明天就是下一生，你願意跟我在一起嗎？

全劇到這裡嘎然而止，艾蜜莉用她的歌聲訴說自己的衷情，台下坐著正是她今生不可得的真愛，朱利安尚未給出答案，這齣戲就到這裡結束，但所有的觀眾都希望也相信朱利安會承諾跟艾蜜莉在一起，不僅是來世，還有今生。

飾演艾蜜莉的林美吟是斗六一所中學的老師，在學校教的是英文，教學非常認真，頗受學生好評。

她在教會唱詩班領唱，有一回山線合唱團團長徐惠珍偕同友人前往教會做禮拜，徐惠珍雖然本身不是信徒，但很喜歡教會的氛圍，尤其是喜愛唱詩班的和聲，經常陶醉在唱詩班的和聲中，無法自

拔，牧師並不知道徐惠珍是貪戀唱詩班的和聲，總看到她如癡如醉的樣子，講道也格外賣力，徐惠珍團長不好意思點破，出席教會聚會只能更為踴躍。

林美吟加入教會的唱詩班並沒有很久，原本她在保守的婆家，行動受到相當的管束，自從離婚後，她行動相對獲得自由，所以，就經常參加教會的聚會，牧師偶然發現她唱歌的天賦，力邀她擔任唱詩班的領唱。

牧師只聽得出來林美吟老師的天賦，但做為山線合唱團團長的徐惠珍則更聽得出來林美吟的美聲唱法是受過嚴謹的聲樂訓練，不僅僅是天賦而已，林美吟擔任教會唱詩班的領唱後，在大學受過嚴格聲樂訓練的徐惠珍立即發現了這塊美玉，加上林美吟外表出眾，身高雖然不高，雙腿比例修長，台風穩健，在幾次音樂劇的演出歷練之後，便經常成為山線合唱團的第一女主角，鋒芒外露。

徐惠珍此刻面對現場觀眾的熱情掌聲，只能牽著林美吟的手，帶領所有團員再次一鞠躬謝幕。

台下突然有兩名女學生上來獻花，徐惠珍跟林美吟接過捧花，向觀眾揮揮手道別，這兩名女學生都是林美吟在學校合唱團的團員，她同時身兼學校合唱團的指導老師。兩名女學生獻花後，還不忘跟

老師擁抱一下，同時跟徐惠珍團長擁抱。

　　徐惠珍與林美吟發現對方的眼眶中都含有淚光，前者的淚光是感動於觀眾的熱情，但後者的淚光其實大部分來自於融入角色，太過入戲造成，雖然林美吟老師沒有罹患絕症，但是離婚造成的情感受挫也曾使她痛不欲生，尋覓真愛的歷程幾經波折，這齣劇彷彿是她人生情感歷程的寫照，因此在音樂劇壓軸時流下的淚水也無比真實。

　　兩人與其他團員紛紛前往演藝廳入口處與親友合照，徐惠珍依舊牽著林美吟的手，林美吟不禁靠近徐惠珍的耳邊說抱歉，自己在壓軸的第二段時聲音帶著哽咽，徐惠珍輕輕地拍著林美吟的手背說，著名女高音卡拉絲有一次在音樂會演出時，因為感動流淚竟然最後一個音因哽咽而未能唱出，她事後向樂團指揮道歉，樂團指揮安慰她說，這就是一個偉大的藝術家真情流露的表現啊，希望她不要過於自責，徐惠珍這個時候也把這句話送給林美吟。

　　林美吟自知心裡有百般的感受流轉，但此時此刻已經難以解釋也不宜再解釋下去，她只能輕輕地回應說：「謝謝徐姊」。兩人繼續前往演藝廳入口處，此處早已有許多親友等待與她們合照。

　　林美吟走到演藝廳入口處，跟大家拍完團體照後，目光便不停地搜尋著，終於，她看到曦臨的身影出現在角落，面帶著微笑跟她打招呼。她心裡才算鬆了一口氣，她一邊跟學生合照，一邊眼光不忘搜尋著曦臨站著的角落，生怕他會突然消失了一樣。

　　等待人群逐漸散去之後，曦臨才慢慢走過來，跟林美吟在大型海報前自拍合影，這個時候演員的親友已經大半散去，只剩少數幾個團員還在跟親友合照，林美吟跟幾個團員打招呼後離開。

　　他們牽著手走向舞台後方的通道口，車子停在附近的路邊，此時忙著拆卸裝運舞台布景的工作人員才正在開始忙，而少數團員及工讀生則在舞台後方的休息室清理自己的雜物。

　　林美吟牽著曦臨的手，漫步在月光下，感受到一種從未有過的幸福。

　　就像她曾經失去曦臨，又重新獲得一樣。

　　事實上，她的確曾經失去過愛情，如今又重新獲得了愛情。

　　但是跟音樂劇中的艾蜜莉不同的是，她沒有必要將希望寄託於來生，今生就可以擁有，這一點讓她感受到前所未有的幸福。

　　她將這種感受告訴曦臨，曦臨猜想她可能太過

入戲，還沒有從戲裡的角色走出來，這一點，或許也是事實。對一個演員而言，她的確十分入戲，也只有十分入戲，才使她成為一個好的演員。

美吟跟曦臨，曾經是大學同學，正確來說，他們是大學的學長與學妹。

那是位於台北近郊的一所大學，校園內有一條非常浪漫的小溪名喚醉夢溪，因為令人有醉生夢死的聯想，所以這個名稱曾經被校方取締不再使用，原本的小溪也因為逐漸淤塞後被填土，只剩下一處彎彎的遺跡。

那個年代的青年或許嚮往著醉生夢死，但事實上是非常的關心國事，走過十年狂飆的社會運動，正是他們所處的時代氛圍。解除戒嚴後，台灣的社會運動百花齊放，他們在街頭遊行時，偶而曾經見過彼此的身影，但並未深交，畢業後，美吟隨即赴美留學，而曦臨則選擇留在台灣繼續念研究所，兩人隔著一個太平洋，並沒有任何交集。

這次的重逢，已經是三十年後，美吟的人生經歷過幾次的波折與變化，與前夫離異後，繼續定居在雲林的斗六，而曦臨則是在台北的報社擔任編輯的工作，兩人原本仍是毫無交集，恰巧美吟的閨密同是在報社擔任編輯，偶然在跟曦臨閒聊時，提到大學時代曾經在社團相當活躍的美吟，曦臨不禁吐

露出自己曾經暗戀的恰好就是那個女孩，這下子為閨密營造了牽紅線的絕佳契機。

美吟記得那個叫做曦臨的大眼睛男孩，每次在街頭運動時都會用大大的眼睛偷偷喵著美吟，但是美吟經常都跟閨密在一起，兩人沒有什麼機會攀談，曦臨當時十分害羞，偶而跟美吟聊個兩句後，便會藉故逃跑，讓美吟搞不清楚他的動機為何，因緣就這樣錯過了，再見面已經是三十年後了。

那次是閨密搓合的。

兩人相約在斗六一家義大利麵店吃晚餐，麵好不好吃，已經不太記得了。

只記得吃完飯後，兩人駕車到雲科大的校園，有一處荷花池，當時荷花好像都已經枯萎了。

曦臨說準備了一首歌要唱給美吟聽，歌詞是徐志摩的詩，歌名叫做「我不知道風是在那一個方向吹」，這首曲子有合唱團唱的合唱曲，美吟會唱，但是曦臨要唱的版本是民歌時代韓正皓譜曲的版本，這點讓美吟很好奇，雖然美吟對民歌時代的歌曲也很熟，美吟的姐姐甚至得過民歌時代競賽大賞的獎項，記憶中是金韻獎第六輯中的曲子，所以對於這首歌竟然有不同的唱法，而這種唱法自己竟然又不會，感到有點不可思議。

話說美吟大學時代可是學校合唱團裡面的紅

人，金旋合唱團的名號在各大學之間也是很響亮，美吟想像不出來眼前這個中年大叔竟然像個少年一樣，是個感情羞澀，略帶害羞，但又長著一雙大眼睛的中年大叔，竟然要唱一首自己不知道曲調的民歌，而且歌詞還是自己相當熟悉的，徐志摩的新詩。

荷花池旁十分靜默，少了夏夜該有的嘈雜與紛擾，蛙鳴聲已隨著夏天的遠去而銷聲匿跡，蟬叫聲也似乎吐盡了最後一首歌曲，不再有任何哀鳴不絕於耳，靜默讓曦臨更顯緊張，但是畢竟他在家已經練習了多少回了，這次不能再出錯了。

美吟張著雙眼凝望著曦臨，曦臨決定把臉轉向他處，美吟不禁質問，「你為何不敢看著我，難道你不是要唱給我聽嗎？」

曦臨點點頭說，「我是要唱給你聽，但是你一直盯著我看，我會緊張。」

美吟突然之間覺得他很好笑，而這種羞怯與靦腆更增加了她的好奇心，她終於允許曦臨可以望著他處，曦臨才鼓起勇氣唱起來。

曦臨索性將眼睛閉起來，全身專注地唱著這首歌。

我不知道風
是在哪一個方向吹

我是在夢中，
在夢的輕波里依洄。
我不知道風
是在哪一個方向吹
我是在夢中，
她的溫存，我的迷醉。

唱到這裡，曦臨自己覺得感傷，竟然有點哽
咽。

美吟忍不住將自己的唇貼近曦臨的唇，略微冰
涼的唇伴隨著秋天的風讓曦臨忍不住睜開眼睛。

他看見美吟對著自己的微笑，他沒有情不自禁
地擁抱著美吟繼續親吻，而是決定把這首歌唱完，
因為那個突如其來的吻令他有點不知所措。

回到家。

美吟有點累了，但還是得先把妝卸掉才能洗澡
睡覺。

美吟的兒子吉安來到媽媽家過夜。

今天是周末，所以平常在前夫家的兒子今天都
可以到媽媽家過夜。雖然美吟不在家，今天整天都
必須待在演藝廳，化妝、準備彩排到正式上演，合
唱團成員幾乎都是一大早就到演藝廳報到，吉安並
不在乎自己一個人在家，因為在前夫家，美吟的前

婆婆會管束孫子不準打電玩，但是在媽媽家，美吟基本上不會管小孩子打電玩的事，何況今天是演出的日子，美吟一早就到演藝廳報到，更是沒時間理會兒子，連午餐跟晚餐都是曦臨到外面買便當給吉安吃，把美吟送到演藝廳後，曦臨就回到家，負責招呼打理他跟吉安的午餐及晚餐。

他跟美吟重逢後沒多久，他就跟美吟過著近似同居的生活，週一至週五他在台北上班，住在租屋處，週五晚上回到斗六，兩人過著周末夫妻的日子，這樣也持續了將近一年的時間。

週末的時候，美吟的兒子通常都會來到媽媽的家，變成了三人世界。

一開始，曦臨也是有點不太習慣，隨著暑假過後，吉安上了大學，回家的次數少了，這種緊張與不適應也慢慢消失了，家裡的小男孩長大了，到台北念書了，曦臨剛好填補了這個空缺，成為家裡真正的男主人。

美吟離婚後，對於兒子總覺得有所虧欠，但這種虧欠又無法彌補，她知道離婚後自己就無法給兒子一個完整的家，總希望能夠給予彌補，但是兒子上大學，離家北上，這種距離自己也無法填補，加上家裡來了一位男主人，自然她的生活免不了要慢慢以這個新的男主人為重心。

　　兒子吉安對於她跟曦臨交往沒有意見，可是對於她想結婚這件事倒是有點疑惑，總是會說「有必要嗎？」，而曦臨也覺得沒必要太急，畢竟兩人重逢交往至今沒有很長的時間。

　　可是，最近一位合唱團好友麗雲的突然辭世，讓她心生感慨外，也驚覺自己以後可能孤苦無依，一旦生病需要照顧時，名分就變得很重要，畢竟在醫院要動手術的時候，只有具有婚姻關係的家屬才能簽署同意書。

　　麗雲跟美吟都是中學老師，兩人也都是合唱團成員，麗雲平常還喜歡做烹飪跟家庭手工藝，經常烘培蛋糕請大家吃，或者親手編織布包包送給團員或好友，是大家心目中的好媽媽跟好太太，平常也很喜歡唱歌，所以加入合唱團，音色雖然不是特別出色，長相也沒有特別漂亮，所以都是擔任一些小角色，但還是甘之如飴，麗雲還負責整理服裝等在合唱團算是打雜的行政工作，但也都任勞任怨。

　　麗雲發現自己罹患肺腺癌到住進醫院病逝為止，大概不到兩個月的時間，整個過程好像是做夢一樣，讓人猝不及防，也難以接受。

　　美吟每次想到兩人相處的時光，還是免不了要紅了眼眶，雖然事情發生迄今已有一段時日，總覺得還是跟昨天發生的一樣。

　　因為這件事情，也讓美吟下定決心要跟曦臨步向婚姻的殿堂，她不希望自己臥榻在床的時候，沒人可以簽署家屬同意書。

　　兒子吉安雖然不是不孝順，但自從兒子北上念書之後，她才慢慢體會到小孩長大了，總是要離開家，自己還是得一個人生活。

　　麗雲去世後，美吟一直擔心自己也會罹患肺腺癌，因為除了麗雲之外，美吟任教的學校最近也有兩個同事罹患了肺腺癌，一位同事比較年輕，動完手術後，目前癌細胞並未擴散，至於另外一位同事年紀比較大，罹患肺腺癌後，雖然進行了切除手術，但身體已經不堪負荷，所以無法繼續工作，只好申請提早退休。

　　這次音樂劇公演後，美吟終於閒下來了，曦臨也勸她趕快去做檢查，以免延誤最佳治療時機。

　　美吟這次很聽話，沒有拖延時間，之前因為音樂劇排練，一直抽不出時間去台大醫院檢查，這次很快就排出時間進行低劑量肺部斷層掃描，結果，過了一個禮拜去看報告，醫生告訴她發現了一個零點五公分的毛玻璃狀小結節，有肺腺癌的可能，最好做切片檢查。

　　曦臨在上班時突然發現美吟從臉書 messenger 傳來這個訊息，他感覺得出來美吟的憂慮，因為美吟

的同事都是初期發現肺部出現毛玻璃體後進行切片檢查才發現肺腺癌，罹癌的機率很高，如果一旦發現是肺腺癌，不要說合唱團無法繼續演出，連教書的工作都會受到影響，甚至連性命都不保。

雖然南部的天氣是晴朗的，但是曦臨感覺那段時間斗六的天空都是暗沉的，充滿了陰鬱的氣息，平日樂觀開朗的美吟也經常悶悶不樂，擔心自己罹患肺腺癌。

美吟也把這消息告訴兒子吉安，吉安並沒有多說什麼，只是希望媽媽放心，不會有事。但是美吟知道兒子長大北上念書，也不可能回家照顧她，她開始擔心自己會晚景淒涼，曦臨則覺得她想太多了，切片檢查結果未必是惡性的，但美吟始終擔心惡性的機率偏高，至少她周邊的同事都是如此。

曦臨說不擔心是騙人的，但在美吟面前如果連他都露出憂慮的表情，只會使得生活的氣氛變得更糟糕。

等待的日子是漫長的，針對美吟肺部的毛玻璃體結節要進行的是「內視鏡微創手術」，手術的時間排定在三個月後，這三個月之所以難熬不僅僅是因為美吟周遭的朋友切片檢查結果都是肺腺癌，而且新冠肺炎的疫情在這幾個月有逐漸升高的趨勢，他們擔心到時候台大醫院沒有病床，因為確診人數

一開始從新北的板橋蔓延到北市，然後逐漸往中南部擴散，最後連斗六的確診人數也不斷在攀升，如果確診人數不斷增加，屆時美吟動刀的時候可能沒有病床，而且在醫院受到感染而確診的機率也升高。

曦臨與美吟兩個人的生活可謂是戰戰兢兢，因為一旦確診，也無法住院進行手術。曦臨每個禮拜從台北回到斗六，也擔心自己把病毒傳染給美吟，由於他住在板橋，有段時間，因為板橋的疫情太過嚴重，曦臨回到斗六後，美吟還安排他單獨住在一個房間內進行隔離，雖然兩個人都知道彼此住在同一個屋簷下，但曦臨的作息，包括吃飯、睡覺等，都只能在自己的房間進行，連散步都只能獨自外出，或者至少一前一後，保持安全距離。

生活感覺越來越漫長，直到住院開刀的日子來臨，兩人竟然還沒有確診，自己都覺得不容易。

開刀的前一天，曦臨陪美吟住院，兩人還必須事先做過 PCR 核酸檢測，確定是陰性才能住院。

開刀那天上午，當美吟被送進開刀房的時候，要先簽署家屬同意書，曦臨才真正體會到美吟所說的，結婚不只是一個儀式，是你的生命中遇到最危急的狀況時，有人可以為你挺身而出，而且在法律上，你具備資格去保護這個人。

　　如果明天就是下一生　你將如何度過今天？

　　曦臨似乎突然體會到，為何那天美吟唱這首壓軸的歌時突然哽咽，只有他才能在那些多合唱聲中聽到美吟的哽咽，當時他以為美吟只是為歌詞中的意境所感動，沒有想到還有另外一層意義。

　　其實，曦臨從小對於婚姻就沒有安全感，因為父母的婚姻並不算幸福，父親曾經對母親不只一次的施暴，後來父親罹患癌症去世，也是母親在病床旁照顧，不知道父親在臨死前是否曾經對於自己的暴行感到後悔呢？

　　也許是因為自己從小就沒有父親，所以他也從來不知道如何去扮演一個父親，當美吟跟他提出結婚的想法時，他其實最在意的是小孩子的感受，因為他不知道如何去跟一個類似兒子的人相處。

　　這次為了美吟要動手術，兩人去戶政事務所登記結婚了。但沒有取得吉安的同意。美吟娘家的人倒是對此都表示祝福，美吟的父親已經去世了，母親欣然表示同意，兩個妹妹對於美吟能夠重新找到幸福也感到高興。

　　醫生從手術房走出來，告訴曦臨切片是良性的那一刻，他才突然發現他有可能失去美吟。

　　美吟在音樂劇演唱的那首歌又瞬間出現在他的耳邊。

如果明天就是下一生　你將如何度過今天？

此時此刻的曦臨，突然之間，熱淚盈眶，無法自抑。

所幸美吟剛離開開刀房，正被送往休息區休息，他不想讓美吟看到自己的眼淚。

他突然意識到他對這個家庭有些責任。

美吟是一個典型的外省女孩，嫁到前夫家中，前夫是典型的本省家庭，公公受過日本教育，婆婆也是家教甚為嚴謹，偏偏他們全家在家裡都只講台語，讓美吟感受到很大的隔閡，美吟根本聽不懂台語，而公公跟婆婆竟然懷疑這個媳婦腦筋有問題，因為美吟經常會錯意，聽不懂公公或婆婆的指令。

離婚後，美吟對於在前夫家的經驗視為是一種傷害，包括她因為聽不懂台語而被誤解，甚至被誤會是腦筋有問題這件事，讓她嚴重受挫。

其實美吟是個很優秀又負責任的老師，在學校也經常跟學生打成一片，由於美吟的發音拉長很像咩，所以學生還幫她取了一個綽號叫做羊咩咩。

美吟不但因為從小學聲樂，打下良好基礎，而成為合唱團的指導老師，甚至還曾經指導話劇社演出莎士比亞的名劇，由於英語的發音清晰精準，博得許多學生的羨慕與支持，讓話劇社在全縣比賽中

取得頭彩的殊榮。

　　這樣才華出眾的美吟，怎麼能夠忍受在前夫家被公公婆婆當做是聽不懂人話的白痴呢？而這中間的語言隔閡就被美吟視為畏途，所以她很不喜歡兒子吉安跟她吵架時故意講台語惹惱她，而她越是不喜歡，吉安就越是喜歡在吵架時故意講台語，這個舉動也同時喚起了美吟在前夫家所有不愉快的回憶。

　　美吟跟兒子吉安常常因為這一點而進入冷戰。

　　自從美吟加入山線合唱團後，她一直希望吉安能夠到演藝廳欣賞她的演出，沒想到吉安一直覺得看音樂劇很無聊，所以寧願在家裡打電玩遊戲，兩個人似乎漸行漸遠，一直到吉安北上念書，都沒有去觀賞過美吟的音樂劇演出。

　　這次她跟曦臨結婚的事情，事前都沒有跟吉安商量。因為手術需要家屬簽署同意書，美吟的母親住在台北，兒子吉安也在台北念書，為了能夠在家屬同意書上簽字，她跟曦臨就順理成章地結婚了，並沒有徵求吉安的同意。所以，當她動完手術，告知吉安這件事情時，感覺到一股冷漠。

　　美吟很傷心，因為沒有得到吉安的祝福。

　　曦臨是一個異常敏感的男人。

他在十歲的時候，父親便去世了。

十二歲的時候，母親生了一場大病，差點離開了這個人世間，曦臨有一度曾經想像過自己淪落成為孤兒的處境，大概類似小時候讀過的苦兒流浪記那樣吧！也許會有一隻流浪狗跟著他，然後一人一狗流浪在街頭，過著乞討食物維生的日子。

就算那樣乞討的日子一度可能降臨，他並沒有特別驚慌，甚至有點逆來順受，或許是因為父親去世的時候，他仍然相當無知，以致於無法察覺外界的變化，而當父親去世的那一刻來臨時，他也只能默默地承受，覺得一切都是命運的安排，他根本沒有能力抵抗，也只能默默地承受。

也許是因為這樣子，讓他的性格中帶有某種宿命甚至悲劇的色彩。

但是，隨著年歲漸長，他又發現自己似乎在內心深處非常渴望一個溫暖幸福的家庭，雖然那樣的景象非常地短暫，但是他依稀記得曾經出現過，或許出現過吧！他到後來甚至已經不太能確認曾經出現過這樣的景象，因為實在太過遙遠了。

也許是這樣極度渴望幸福，但是又害怕失去的矛盾性格，使得他常常猶豫不前，甚至因為害怕失去而極度退縮，但是內心深處又極度渴望，所以不願意放棄任何可能的機會。

　　情海中的浮沉，讓他學會保護自己。可是，也是這樣一層保護膜，往往也讓他把其他人隔絕在他內心深處之外。

　　原本在他去戶政事務所登記的時候，只覺得是個儀式，因為他一直相信，婚姻幸不幸福，絕對不是靠那張結婚證書。

　　但是，在手術室外面等待的那一天，他才發現那張家屬同意書絕對不只是一個儀式，而是一個承諾，一種責任，是對另外一個人承諾會守護著他的一種責任。

　　那時那刻，他心中築起的那道防護牆已經自動消解融化了，他知道，他得為另外一個人的安危負起責任，不管是福，不管是禍，都要共同承擔。

　　當他聽到美吟描述兒子吉安聽到他們結婚的消息時，竟然反應非常冷淡時，他就開始思索這個問題。他跟吉安之間雖然並不熱絡，但也沒有什麼嚴重的隔閡。解鈴還須繫鈴人，根據他過去從事輔導工作的經驗，父母離異對於孩子的傷害往往會展現在後來的親子關係裡面，父母離異是孩子所不樂見的，父母雙方或任一方可能有幾百幾千個理由堅決離婚，但做為孩子，尤其是未成年的孩子，通常都只能默默地接受，而無法用任何理由反對。就像曦臨自己的父親早逝一樣，他只能默默地接受命運的

安排。

美吟從開刀房被推出來後，前往休息室，主治醫生來告知開刀順利的好消息，並且說明切片檢查結果是良性，曦臨難掩興奮之情，除了告知岳母及美吟的兩個妹妹之外，也在第一時間通知吉安。吉安在訊息裡面感謝曦臨對媽媽的照顧。曦臨從吉安的訊息裡面也感受到吉安對母親的關心，親子關係的緊張往往都是表面上，內心深處還是非常在乎對方的安危。

曦臨決定要找一個時間跟吉安深談一下，看看吉安對母親到底有何怨言？

他趁著北上工作的空檔跟吉安約在學校見面。

吉安一開始覺得沒必要，可能是因為曦臨這次在母親開刀住院期間的照顧，讓他感受到曦臨的責任感，同時也要感謝曦臨對母親的照顧，所以吉安就勉為其難地答應了。

見面當天，剛好是吉安的社團公演，曦臨才發現原來吉安在大學參加的社團是布袋戲團，而且是屬於雲林地方特色的金光布袋戲，吉安還是當天公演的主要操偶師之一。

看完當天的公演，曦臨不禁為之拍手叫好，因為他自己也是霹靂布袋戲的戲迷，吉安看到曦臨這麼熱情的反應，反而有點不好意思。

曦臨說，我都不知道你的布袋戲演得這麼好！

吉安說，因為媽媽沒興趣，我很少在她面前提到布袋戲的事情。

這樣有點可惜，我覺得你應該邀請美吟來觀賞。

吉安有點沮喪地說，我國中就開始參加布袋戲社團，第一次公演邀請媽媽來參加，她就不願意來，後來我就不通知她了。

曦臨很納悶，他覺得美吟不是那種不關心小孩的媽媽。

吉安看到曦臨疑惑的眼神，只好主動澄清，他說媽媽是外省人，又是台北人，嫁到雲林鄉下，一句台語也不會講，結果婆家的人都講台語，她一句話也聽不懂，好像外星人一樣，感覺受到排擠，公公甚至因為跟媳婦講台語沒有反應，以為這個媳婦腦筋有問題，讓美吟的自尊心受到很大的打擊，好歹她也是名牌大學畢業的高材生。

曦臨不禁問，這個跟布袋戲有什麼關係呢？

吉安解釋道，媽媽離婚後，因為有陰影，一直認為婆家的人故意講台語，在家裡講話都不想讓她聽懂，根本就是一種精神虐待，所以她離婚後，也禁止吉安跟她講台語，對於吉安邀請她去參加布袋戲公演這件事，不但不願意去，還很生氣地說，她

又聽不懂!

　　講到這裡,曦臨才搞懂這件事的來龍去脈,由於曦臨可以同時講國語跟台語,所以對他而言語言根本不是問題,但是對美吟來說,聽到台語會立即讓她想到離婚前在婆家的不愉快回憶。

　　周末回到斗六後,曦臨故意嘗試跟美吟講了幾句台語,果然看到美吟突然板起來臉說「你在說什麼?我聽不懂!」

　　曦臨的母親是個不識字的農婦,只會講台語,平常回農村鄉下都是靠曦臨翻譯,讓美吟跟婆婆之間的溝通沒有阻礙,雖然有點麻煩,但曦臨也不以為苦。

　　這次回老家,曦臨打算讓美吟自己去跟媽媽溝通,美吟果然露出痛苦的表情,反而是曦臨的媽媽出來打圓場,鼓勵美吟,說她台語講得很好,美吟才破涕為笑,藉著陪婆婆看公視台語台的機會學台語,然後嘗試現學現賣跟婆婆講台語,慢慢地竟然有了進步,日常會話比較沒有障礙,也逐漸有了信心。

　　曦臨藉由學習台語也讓美吟拉近了與自己母親的關係,婆媳之間溝通原本都要靠曦臨當翻譯,慢

慢地，曦臨不再權充翻譯，媽媽跟美吟的溝通竟然也不成問題，有時候曦臨故意離開，結果發現美吟都能夠設法讓婆婆理解她的意思，而曦臨的媽媽也因為聽國語久了，對於美吟偶而嘗試用國語解釋的時候也能部分理解她的意思，兩人甚至可以有說有笑的溝通，曦臨在一旁不禁感到竊喜。

眼看著美吟的台語一天天的進步，曦臨又著手與美吟所屬的山線合唱團指揮進行一項秘密計畫，這項計畫只有曦臨跟合唱團的指揮徐惠珍知情，經過半年來的集訓跟排練，一年一度的山線合唱團公演終於在雲林演藝廳上演，這次演出的主題是「霹靂風雲」，描述雲林著名的金光布袋戲家族如何將布袋戲這項傳統民俗技藝推上舞台，甚至進軍電視圈，最後拍成電影，在國際舞台上揚眉吐氣的故事。

美吟這次以 coser 的扮相反串演出霹靂布袋戲中著名的角色素還真，而曦臨則以 coser 的扮相客串演出另外一個著名的角色傲笑風塵，兩個人在舞台上還有一場對手戲。

美吟逐漸克服了對於台語的心理障礙，雖然發音不是非常標準，但是在反覆練習之下已經可以應付自如，而曦臨則是實現了自己一直以來扮演霹靂布袋戲角色的夢想。

　　這個祕密計畫還有一個更為關鍵的演出，只有曦臨與合唱團指揮知道，在素還真出場時照例都有一段口白，由於美吟的台語發音仍然不是非常標準，在劇本上面標註這段口白是由一名布袋戲操偶師以聲優身分演出，但是在平常排戲時都是由曦臨代理，合唱團成員也很疑惑，因為正式演出時曦臨扮演傲笑紅塵，根本無法同時幫素還真的出場念這段口白，但是曦臨跟指揮都守口如瓶、保密到家，只說當天會有一名神祕嘉賓到場演出，不會讓大家失望，這件事連導演都被蒙在鼓裡，因為是指揮的意思，所以導演還是表示尊重。

　　曦臨私下跟吉安約定，山線合唱團公演當天一定要到場，因為有個橋段要由他負責演出，吉安有點懷疑他能否勝任，曦臨跟他保證絕對沒有問題，同時要求吉安對於參與演出一事一定要向美吟保密。

　　公演當天，「霹靂風雲」盛大登場，吉安由工作人員安排到幕後一個角落負責念素還真出場的口白，當美吟以素還真的扮相出場的那一刻，連吉安都有點目瞪口呆，因為連工作人員都對他刻意隱瞞這件事，他平常在台北忙於課業，完全沒有注意合唱團的演出訊息，直到這一刻才知道自己最喜歡的

素還真竟然是由媽媽擔綱演出，工作人員發現吉安有點發呆，馬上提醒他要念素還真的口白。

半神半聖亦半仙，全儒全道是全賢；

腦中真書藏萬卷，掌握文武半邊天。

當美吟在舞台上聽到這段口白時，馬上發現這是兒子吉安的口音，但是做為一個音樂劇的演員，她還是強制忍住自己內心的激動，將這齣戲演下去，直到落幕的那一刻，吉安忍不住衝上舞台抱住美吟，而美吟再也忍不住，眼中的淚水直流，吉安也讓淚水放肆地奔流。

當舞台的帷幕重新開啟時，所有的觀眾都看到這對母子相擁而泣的畫面，事實上觀眾是看到一個大男生抱著飾演素還真的演員痛哭的畫面，合唱團指揮徐惠珍才用麥克風向觀眾解釋，合唱團主角美吟過去因為不會講台語，受了很多委屈，因此一直無法接受兒子喜歡布袋戲這件事，兒子從小參與的布袋戲公演她也都沒有參加，吉安也因此從來沒有參加過美吟的合唱團公演，這次透過合唱團演出的「霹靂風雲」讓母子同台，誤會終於冰釋，兩個人才會在舞台上相擁而泣，真情流露。

說完，連指揮徐惠珍自己都忍不住掉淚。

曦臨發現，眼淚竟然也從自己的眼眶中流出，他是個不輕易落淚的人，他想到自從父親去世後，

自己跟母親也曾有過很多誤會與不滿，但如今也都化為過往雲煙了，這忍不住的淚水究竟是為了自己而流，還是為了美吟母子而流，自己也已經搞不清楚了。

現場觀眾聽完指揮徐惠珍的說明後，更是響起了熱烈的掌聲，久久無法散去。

這算是一場戲中戲，但是沒有寫在劇本裡。

如果人生是一場戲，每個人都會在別人的人生裡扮演一個無可替代的角色，我們不但不應該缺席，而且應該努力扮演好那個角色，因為這個角色，才能讓對方感受到什麼是愛，學習到什麼是愛，這是一齣戲，也是愛的教育。

此刻，曦臨耳邊竟然響起去年合唱團公演時，美吟在壓軸時擔綱獨唱時所唱的那首歌。

如果明天就是下一生　你將如何度過今天？

*涵碧樓傳奇*

## 雲林溪的美麗與哀愁

雲林溪曾經經歷過一段很長的黑夜，因為太過漫長，所以不知道經歷過多久。現在，雲林溪終於從黑夜中甦醒了過來，重見天日，這也是我會搬來雲林溪的原因。

我是翠鳥花子，雖然我的名字有點娘，但其實我是一隻雄鳥。

我搬來雲林溪已經三個月了，在這三個月當中，我認識了不少朋友，他們都是我的鄰居。

這個雲林溪河段主要是從官邸兒童館附近到西平路郵局之間，這個河段原本是加蓋的，加蓋的時候，我還居住在其他地方，一直到掀蓋之後，這個河段的溪水才逐漸變得清澈了起來，我才會搬過來這裡居住，溪水清澈後魚才容易生存，我們也才容易找到食物來源。

首先要介紹的是一隻小白鷺，她的名字叫做英子，她是一隻非常勤勞的鷺鷥，每天清晨就開始守在靠近籽公園附近的沙洲旁河道段差的地方，她覓食的地方剛好因為河道段差而形成幾個水流的聚集渠道，非常有利於覓食。

但是她似乎每天都吃不飽，很少看到她離開那

37

裡，連黑夜都守在那裡，我想她不是為了覓食，因為夜晚是我們鳥類休息的時候，除了極少數的夜行性鳥類除外，譬如夜鷺。她在黑夜守著渠道口的原因可能是便於白天可以繼續覓食吧！

英子附近的沙洲有一隻大白鷺，叫做田中，為何取了一個日本名字，因為他是一隻候鳥，夏天的時候，他就飛回北方了，北方是他夏天的故鄉，南方則是他冬天的故鄉，天冷的時候，他就會飛回南方過冬。

往西平路郵局方向移動，到河道轉彎處，這裡比較常出沒的鄰居有一隻夜鷺，但是他覓食的時間通常是晚上。還有一隻小白鷺叫做北野，他的狩獵範圍從西平路郵局到這裡都有，他似乎有點喜歡英子，但是我不確定他跟英子之間有沒有交往，因為繁殖期的時候我也很忙，沒時間理會他。

這個河道後來蓋了一座水泥拱橋，來參觀或散步的人變多了。

有一隻紅尾伯勞曾經出現過，後來我才認識到他是一個殺手級的鳥類，據說他會把吃剩下的食物當作戰利品掛在樹枝上或者插在尖銳的物體上，總之，他的行為總讓我感覺像個獵人或者殺手。

還好，他告訴我他只是過境，像這類候鳥其實蠻忙的，忙著旅行，我覺得很辛苦，可是他們已經

很習慣了，至於什麼時間動身呢？他跟我說這是本能反應，只要時間到了，他們的身體就會主動告訴他們，該動身了！

坦白說，我不是很羨慕他們這樣到處旅行，感覺很累，要重新認識環境，而且會因為到陌生環境被欺侮吧！我是這樣覺得。

從官邸兒童館到這個彎道旁長了很多水草，那些褐頭鷦鶯可樂了，還有白頭翁，他們喜歡棲息在柔弱的水草梗上，褐頭鷦鶯因為體型瘦小，基本上水草的梗都還能支撐住他們的體重。可是白頭翁感覺體型比較龐大，就比較支撐不了，往往白頭翁只要一停在水草上，水草的身體支撐不了鳥的體重就會開始彎腰，直到身體整個倒下來，然後白頭翁只好飛起來，又繼續尋找下一株水草，我覺得這樣的舉動很愚蠢，因為他可能連續換了好幾根水草都承受不住他的體重，可是他就不會想到要換到別的樹上去，這樣連續一直犯錯不是很蠢嗎？還是他們就是喜歡玩這樣無聊的遊戲，而且樂此不疲呢？

對了，鷦鶯其實有些是灰頭鷦鶯，但是我常常搞不清楚，因為褐頭鷦鶯跟灰頭鷦鶯看起來很像，而且他們的叫聲都很好聽，我們社區舉辦歌唱大賽的時候，重要獎項都是它們拿走了，基本上，其他鳥類不太有機會。

　　我們這個河段很靠近籽公園跟官邸兒童館，有些鳥類基本上不會到河裡覓食，因為他們的食物來源不同，但是我經常看到他們出沒，譬如黑冠麻鷺。

　　為什麼要提到黑冠麻鷺呢？因為我經常在西平路郵局前的河道覓食，有兩隻黑冠麻鷺就在河道旁邊的樟樹上築巢，然後孵蛋，結果孵出兩隻超可愛的黑冠麻鷺寶寶，這兩隻寶寶的大便超多，都拉在河道旁的欄杆上，嚇得那些散步的人們紛紛閃避，我覺得很好笑，不過，坦白說，我的頭如果被他們的大便砸中，應該會腦震盪吧！所以我都是閃得遠遠的，深怕不小心就要吃屎了。

　　很快地，求偶的季節就來臨了。

　　另外一隻翠鳥美子竟然就在這個時候出現了，你說，這是不是緣分呢？

　　我們鳥類為了求偶，雄鳥的羽毛通常都會長得比較艷麗，所以你可能覺得我看起來比較騷包，這也是事實，不騷包一點，可能找不到老婆，就只能到下個繁殖期了，所謂的下一個繁殖期就是明年，繁殖期一過，其他配成對的雄鳥跟雌鳥交配成功，生下了蛋，就要開始孵蛋，接著育雛，忙得很，沒有鳥有時間「鳥」你，你就只好孤孤單單看著別的鳥雙雙對對，正在孵育他們愛的結晶。

　　說到孵育幼雛，黑冠麻鷺養育這兩隻巨嬰真的很辛苦，說他們是巨嬰，是因為他們雖然是雛鳥，身軀卻已經十分巨大，大概是我的二十倍大，可見他們的食量也非常驚人，你就可以想見親鳥餵食有多麼辛苦，可是雛鳥身軀越是巨大，他們離巢的時間越慢，別的鳥類可能只要半個月時間，黑冠麻鷺育雛需要一個月，大概是因為他們體型過於巨大，要適應環境比較困難吧。

　　說到黑冠麻鷺也怪可憐的，過去，他們生活在人跡罕至的地方，所以人類覺得他們相當罕見，不容易觀賞得到，自從他們的棲地被破壞後，連都市裡面的公園都可以看到他們的蹤跡，但是他們被攻擊的機會就增多了，畢竟公園裡面會出現貓狗等動物，尤其是缺乏食物來源的野貓或野狗，肯定把他們當作食物來源，要想存活應該比較困難。

　　我最後一次看到黑冠麻鷺家族大團圓是在籽公園的大草坪上，那一次因為上午突然下雨，蚯蚓全都跑到草地上來，引來八隻黑冠麻鷺在這裡家族聚餐，由於亞成鳥的毛色較淡，跟成鳥之間的毛色略有差異，看得出來有四隻是亞成鳥，另外四隻是成鳥，剛好是兩個家族聚餐，那次家族聚餐後，就沒有再看到這麼多黑冠麻鷺在這裡出現了，畢竟亞成

鳥也要尋找自己的覓食範圍，不能老是留在親鳥身邊爭食，變成啃老一族，被人笑話。

我跟美子之間因為愛情所產生的結晶，也讓我們在育雛期間忙碌了一個春夏之交，那時候雲林溪經常下雨，就算風雨交加，為了育雛，我們還是得外出覓食，只為了填飽小孩的肚子。

這段時間，岸邊的貓出沒更為頻繁，當然是因為幼鳥成為他們狩獵的目標。

我們除了外出覓食之外，也更加注意貓咪是否接近我們的巢穴，為了避免貓咪的侵襲，我們育雛的巢穴是建立在一個貓咪應該到達不了的地方，就是水泥橋下緣的牆壁上，這面牆壁都是水泥，幾乎沒有地方可以攀爬，而且背朝著溪水水面，如果貓咪攀爬不成，將會直接掉進溪水裡面，對於畏水的貓咪來說，不曾見過他們嘗試攀爬，所以我們的幼雛也就安然地度過一個育雛的季節，除了偶而會因為我們獵捕不到食物而挨餓之外，並沒有生命危險，挨餓的日子通常都是連日降雨，溪水暴漲導致水面洶湧湍急、視線也不清，無法獵捕小魚，這個時候連我們都要挨餓，也只能任由他們嗷嗷待哺了。

像白頭翁這類素食的鳥類就比較幸運，天候不

佳對他們的影響比較沒有那麼大。但是他們也會遭逢來自其他因素的破壞，導致他們的食物來源大量減少。

　　有隻名叫朱利安的白頭翁就告訴我，在河道轉彎處，原本有一棵碩大的構樹，樹上結的果子原本足供數十隻鳥類飽餐很多頓，除了白頭翁之外，還有紅鳩、褐頭鷦鶯等鳥類都在樹上覓食，進餐雖然十分嘈雜，但卻是非常愉快的一件事。沒想到，有一天早晨，當他要前往覓食的時候，才發現構樹已經從根部附近被鋸斷，整個天空好像多了一個窟窿，這隻白頭翁非常傷心，竟然寫了一首詩悼念這棵構樹，白頭翁喜歡吃構樹的種子我是知道的，但是白頭翁會寫詩，這我倒是第一次聽到，既然他把這首詩念給我聽了，我就分享給你們知道吧！

悼念一棵構樹

昨夜我在小溪上漫步
幽幽訴說著什麼的一片光影
由遠而近

在星辰早已隱沒的方向
發現失去了一片天空

涵碧樓傳奇

黑暗中的一個窟窿
意象變得十分朦朧

沒有守護者的河岸
鳥兒可曾安眠

我靜靜地哭泣
讓眼淚沉入河底

鴿子
仍有翅膀
可以飛翔
樹卻已心傷
肝腸寸斷
望斷天涯路
找不到自己的故鄉

　　我記得那棵巨大的構樹，雖然沒有遮蔭的效
果，應該是許多鳥兒的饗食天堂，所以與其說鳥兒
無法安眠，不如說鳥兒可能要餓肚子睡覺吧！至於
心傷的，又豈止是構樹，或者鴿子呢，大概白頭翁
是最為心傷吧！
　　論起飛翔的技巧，我覺得燕子是無與倫比的，

所謂的身輕如燕，那是人類的說法。具體來說，燕子的飛行技巧是高超的，可以在空中急轉彎，而且立即加速，最難能可貴的是，燕子飛行的姿勢非常優美，如果我說他們像馬戲團一樣，希望不是一種貶抑。

以飛行技巧而言，我並不差，只是我們的身軀比較嬌小，為了保護自己避免被大型的猛禽發現並且攻擊，通常我們都會貼著水面飛行，並且順便觀察一下食物的分布狀態，以便能夠更為精準的狩獵，所以我們飛翔的目的不像燕子那樣只是為了炫技，更多的時候是為了勘查食物的狀態，是屬於滿足自己飢餓狀態的本能行為之一。

當然，我們在求偶的季節，飛行技巧也是可以用得上的，譬如我為了追求美子，便一邊飛行一邊跟她打情罵俏，她一邊拒絕卻一邊嬌羞地回應我，我們兩個飛行的速度也沒有稍微減少，這樣的公開調情大概羨煞不少其他鳥類。

要論飛行這件事情，實在非常難以比較，夏天的時候因為太過炎熱，我們有時候會往山區移動，等到天氣稍涼後，再回到雲林溪，那個季節經常會遇到成群結隊的黃頭鷺往南飛，景象非常壯觀。最常遇見的地形大概就是雲林溪的源頭，也就是通過荷苞山，再往山區的太興村附近河谷地，最容易遇

見順著氣流飛行的黃頭鷺，數量之龐大，令人敬畏，蔚為奇觀。

我曾經在回平地的時候遇見過，這個時候，整個天空都被黃頭鷺所遮蔽，說是黃頭鷺的天空也不為過。

溪谷的天空，夏天的時候，其實最令人讚嘆的是大冠鷲飛行的雄姿，他們會在天晴的時候，順著氣流盤旋，從溪谷深處慢慢繞圈子飛行，直到山峰處，通常這個時候我會先迴避，因為大冠鷲的視力非常好，就算在高空也能清楚看見獵物。

他們飛行的時候會發出撕裂空氣的叫聲，然後隨著氣流又繼續往上盤旋，原本我以為他們會停留在山峰處附近的天空，沒想到他們可以繼續盤旋往上，甚至達到數百公尺高，感覺飛行高度已經跟飛機一樣，到達天空的頂端一樣，傲視著我們。而且大冠鷲獵捕的對象很多，松鼠、野兔、其他鳥類，最厲害的是連毒蛇都敢獵捕，堪稱是主宰天空的王。

不過，即便是這樣雄視天空、主宰山嶺，如入無鳥之境的王者，也有吃鱉的時候。

那就是另外一種號稱真正王者的鳥類—烏鵰，烏鵰的體型並沒有大冠鷲那麼龐大，他們全身都是黑色，感覺像是幽靈一樣的魔法師，仔細一看，其

實是藍黑色發亮的羽毛，由於外貌看似具有魔法的特異功能，會令人懷疑他們是使用魔法攻擊大冠鷲。

在大冠鷲雄赳赳、氣昂昂主宰天空的時候，我曾經目睹兩隻烏鶖如何逆襲大冠鷲，後來發現烏鶖是以其速度的優勢不斷攻擊體型龐大但速度慢，以致於行動遲緩的大冠鷲。

大冠鷲的最佳攻擊姿勢是俯衝，也就是憑藉著氣流盤旋而上，在相對的高度俯視獵物，再透過精準的視力鎖住目標，俯衝而下，用利爪抓住獵物，甚至第一時間就使得獵物斷氣，至少身受重傷，再慢慢地將獵物帶離現場，他們離開現場的時候，由於缺乏俯衝的速度，加上獵物的重量，通常就會變得行動緩慢，極容易變成烏鶖這種神秘殺手的攻擊目標。

烏鶖攻擊大冠鷲的高度通常不會太高，在這種高度，大冠鷲已經無法再使用俯衝的力量，只能平行地飛行，這個時候烏鶖的敏捷與速度就佔盡了優勢，他們通常三五成群，多的時候甚至有五隻烏鶖同時攻擊一隻大冠鷲，輪番上陣，從不同的角度偷襲大冠鷲，讓大冠鷲窮於應付，最後抱頭鼠竄，落荒而逃，真是難以想像，這會是平常稱霸天空的鷹王—大冠鷲，或許這就是所謂的一物剋一物吧，在

自然界這種現象好像也不是特例，只是這個現象是我親眼目睹的時候，只能感嘆百聞不如一見，一山還有一山高。

　　另外一次關於逆襲的景象是紅嘴黑鵯，這隻布農族神話中啣著聖火之鳥。據說因為幫助布農族族人啣回聖火的火種而聞名，因為被火種燻黑，所以全身毛色為黑，其實仔細一看，羽毛上仍有暗藍及黑灰色的光彩，我也不知道是不是真的被火種燻黑了，而其嘴巴則據說是被火種燒紅了，這倒是實情，他頭頂的羽毛通常有點翹起，你也可以想像是被火種燒焦了，這種鳥類跟烏鶖的特性一樣，都是有點沒大沒小，換言之，他們敢於以小欺大。

　　我除了曾經親眼目睹烏鶖輪番攻擊大冠鷲，讓大冠鷲落荒而逃之外，也曾親眼看見兩隻紅嘴黑鵯驅趕鳳頭蒼鷹，鳳頭蒼鷹顧名思義是鷹類的猛禽，平常也是十分勇猛，一個颱風天的下午，我親眼目睹一隻鳳頭蒼鷹停在廢棄的木頭電線桿上，因為被雨淋濕了，十分狼狽，由於淋濕了，大概很難振翅飛翔，所以停在電線桿頂端，正在休息。

　　這隻鳳頭蒼鷹，在這附近的溪谷，我是第一次看到，算是陌生的過路鳥，我猜想應該是遇雨在這休息，沒想到有對紅嘴黑鵯夫婦，看到鳳頭蒼鷹出現在他們的勢力範圍，十分惱怒，不斷地對鳳頭蒼

鷹叫囂，驅趕他離開。

　　我看到鳳頭蒼鷹狼狽的樣子，也不敢反抗，但是又無力飛翔，這對紅嘴黑鵯看鳳頭蒼鷹沒有動彈，竟飛起貼近做出要攻擊的樣子，這時候的鳳頭蒼鷹，不但沒有反擊，連鳴叫聲也沒有發出，就這樣，僵持了一陣子，兩隻紅嘴黑鵯從鳳頭蒼鷹停留的電線桿附近，輪番飛起貼近示警的畫面不斷出現，並且持續發出叫囂的聲音，紅嘴黑鵯的聲音十分類似人類嬰兒的哭聲，但是跟現場緊張的氣氛不太吻合。

　　雖然溪谷內持續飄著雨，但是現場氣氛十分火爆，我看到那隻紅嘴黑鵯雄鳥甚至已經開始攻擊鳳頭蒼鷹，鳳頭蒼鷹也沒有反擊，大概是羽毛濕了，飛不起來，真可以說是落雨蒼鷹被鵯欺，沒過多久，鳳頭蒼鷹終於移動了，但不是展開反擊，而是往紅嘴黑鵯勢力範圍的反方向移動，停在另外一支電線桿頂端。這個時候，紅嘴黑鵯並沒有停止叫囂，但是也不再貼近鳳頭蒼鷹進行攻擊示警，兩隻紅嘴黑鵯就這樣持續叫囂到那隻鳳頭蒼鷹離去為止，真是一個漫長的下午，一場驚心動魄的雨。

　　我後來仔細想想，那對紅嘴黑鵯經常在附近停留，應該是他們巢穴所在地，而那隻鳳頭蒼鷹之所以成為不速之客，而且引發紅嘴黑鵯如此猛烈的驅

逐，大概也是因為那時候是育雛的季節，紅嘴黑鵯的巢穴中正有幼雛等待飼養，誤入禁地的鳳頭蒼鷹立即被視為是心懷不軌的敵人，才會遭到紅嘴黑鵯夫婦同心協力，不畏生死狀的殊死之戰，這個時候只想避雨的鳳頭蒼鷹當然只有逃之夭夭，別無他想了。

　　各位一定很想知道，當紅嘴黑鵯遇到烏鶖的時候會怎麼樣，關於這種經典戰役，我還真的遇過，當然，就像上次紅嘴黑鵯與鳳頭蒼鷹之戰一樣，我都是站在遠遠的觀看，所以紅嘴黑鵯究竟是不是因為巢穴就在附近，巢穴中是否有幼雛，你給我十個膽子，我也不敢趨近偵查，偷看一回。

　　話說這場經典戰役，就在上次戰役附近不遠的溪谷旁，在一處公園的樹上，我記得是黃花風鈴木，花蕊已經逐漸凋謝的一棵大樹上，我在附近的溪邊，瞄準溪裡的小魚，正準備獵食，突然傳來一陣嘈雜的聲音。

　　我回頭仔細一看，看見兩隻紅嘴黑鵯與兩隻烏鶖正在對峙，並且持續發出叫聲示警。

　　這個季節，育雛的時間已過，應該不是為了保護雛鳥。

　　但是，看雙方都來勢洶洶，互不相讓，顯然是某一方侵入了對方的勢力範圍。這附近的生態，我

並不熟悉，所以我也不知道，誰才是地頭鳥？只見雙方你來我往，都做出趨近對方要進行攻擊的動作，一場大戰，一觸即發。

兩隻紅嘴黑鵯應該是一對夫婦，攻勢非常綿密，一直持續貼近帶頭的烏鶖雄鳥，烏鶖雌鳥躲在雄鳥身後，顯然比較膽怯，缺乏攻擊性，只能以叫聲助陣，但叫聲顯得較為柔弱。

或許是被紅嘴黑鵯夫婦看出破綻，這對夫婦輪番進攻烏鶖雄鳥，讓烏鶖雄鳥形成以一對二的不利局勢，氣勢已經壓過對方。烏鶖雌鳥率先離開戰局，飛往另外一棵樹木。或許是烏鶖雌鳥的示警，烏鶖雄鳥在雌鳥率先退出戰局之後，不久，也退往另外一棵較為殘敗的黃花風鈴木，看起來戰局已定，因為烏鶖夫婦已露出敗象，紅嘴黑鵯夫婦在此時絲毫沒有鬆懈，繼續往前推進，持續飛到另外一棵黃花風鈴木上，壓迫烏鶖夫婦，最後烏鶖夫婦只能敗興而逃，紅嘴黑鵯夫婦取得最後的勝利，這是我目睹紅嘴黑鵯的二連勝，至於戰役發生的黃花風鈴木是不是紅嘴黑鵯夫婦的勢力範圍，我已經不敢趨前追問。

雖然這兩次戰役中的紅嘴黑鵯夫婦應該不是同一對，但從此我對紅嘴黑鵯非常尊重，只要是遠遠看見紅嘴黑鵯出現的場域，我都敬而遠之。經歷過

這兩次戰役，我也算是長了智慧，因為在雲林溪畔並未發現紅嘴黑鵯，但是在太興附近的山上，最終發現在這裡隱居的黑色武士，才是真正的霸主。正所謂山外有山、鳥中有鵯。

經歷過這次夏季的短暫遷徙，我也長了不少見識。

重新回到雲林溪，感覺有點冷清，因為河道上出現的鳥類變少了。

殺手紅尾伯勞已經消失不見了。

紅尾伯勞原本就是個旅人，四處流浪並不奇怪，夏季的時候往南遷徙，我想大概明年春天才有可能遇見他吧。

大白鷺田中在夏天的時候返回北國，尚未歸返，連英子有時候都不見蹤影。經過幾天的尋覓，才在附近都會公園的生態池發現其芳蹤。

跟她聊了一下之後才知道，夏天因為豪雨，溪水經常暴漲，不利於覓食，英子其實是被迫離開她習慣覓食的細小渠道，來到這個沒有暴漲溪水的生態池，這裡的食物沒有溪裡豐富，但至少沒有暴漲的溪水，等到溪水恢復平靜後，她就會回到原本的覓食區。

我們鳥類通常都是成雙成對的，令不少人類羨煞不已，說到這裡，大家不禁會質疑，英子為何會

老是形單影隻呢？這就是我接下來要說的一個故事。

　　鳥類在求偶期，通常都會成雙成對，就算是單飛的鳥，也會設法跟其他鳥配成對，然後進入繁殖期，開始產卵育雛等，繁衍下一代，這是鳥類一生的寫照。我跟美子就是這樣配成對的。其他鳥類基本上也是如此。

　　至於英子，為何總是形單影隻，在我剛搬進來雲林溪裡，因為不熟悉，所以也不敢探問。

　　這次從山林歸來，我特意去尋找英子，也許是感受到我的關心，他似乎有點打開心防，才聊到一些。

　　英子覓食處的附近，經常看見大白鷺田中徘迴，以前我總覺得不解，現在才終於明白，田中是為了保護英子不被騷擾。但是田中是候鳥，夏天必須北返，田中北返後，英子頓時感覺到更加孤單。

　　北野過去因為田中守護著英子，遲遲不敢靠近，只敢到拱橋附近覓食，其實是想要看到英子，但也只能遠遠地，偷偷地眺望英子的身影。英子潔白的身軀，聖潔的模樣，看在北野的眼裡，應該是格外的動人吧！

　　英子其實偶而也會飛到河道轉彎處，遇見北野覓食時，並沒有主動跟他打招呼，北野可能是過於

緊張，也從未主動跟英子聊天，就這樣，兩隻鳥始終保持一定的距離，說是在覓食，其實，從其他的鳥的視角來看，倒比較像是跳舞，一種始終保持優雅距離的社交舞，一種屬於小白鷺美感距離的舞蹈。

田中走後，北野竟然就這樣跟英子保持距離又遠遠守護的度過了一整個夏季。一個不問，一個也沒有嘗試攀談。

反倒是其他鳥類看得很納悶，一對樹鵲就跟我說，我們感情很好，經常在樹枝之間玩捉迷藏，雖然看不見對方的身影，但生活中經常有一種找尋的樂趣，好吧！就這點而言，我跟美子公開調情，好像是有點放浪形骸，尤其是美子，絲毫不在乎他鳥的眼光，我也就更不在意了。

嘰嘰喳喳，經常在官邸兒童館附近出沒的一群八哥就開始散播謠言，說英子其實是隻蕾絲邊，換言之，英子其實喜歡雌鳥，雖說英子總是孤家寡鳥一隻，但也不能斷定英子就是蕾絲邊，這種謠言通常都會不攻自破，當然，八哥們也不會放棄繼續散播，但只在八哥的同溫層裡面流傳，而英子倒是從來沒有在意過這個流言。

英子與北野似乎也無意打破這個沉默，夏天結束後，英子回到自己平常的覓食處，而北野跟以前

一樣，有時候會飛到拱橋附近的河道轉彎處，遠遠地看著英子覓食。

我不知道這種情況要維持多久，我跟美子有時候也會維持一種若即若離的關係，自從我們育雛結束後，炎熱的夏天讓我們不得不遷徙到海拔較高的山區去避暑，她選擇的地點就跟我不同，但是不影響我們的感情，回到雲林溪後，我們仍然一起生活，美子還會跟我分享夏天在旅遊途中發生的故事，讓我聽得津津有味，而我也會將我看到的景象跟發生的故事跟她分享，少不了烏鶖攻擊大冠鷲，紅嘴黑鵯驅逐鳳頭蒼鷹，以及紅嘴黑鵯大戰烏鶖的故事。

美子避暑的地方則位於太興南邊的一個溪谷，也是黃頭鷺遷徙必經的溪谷之一，她看到溪谷裡面有一隻顏色非常濃烈的紫嘯鶇，紫嘯鶇是個獨行俠，也沒有伴侶陪伴，美子看到對方都是獨來獨往，也沒有趨近打擾，溪谷裡面還有一隻大白鷺，美子也曾看到一隻鉛色水鶇在攔砂壩上跳躍，一隻白鶺鴒在淺灘處覓食，溪谷裡面的鳥類不多，且都是獨來獨往，美子自己一隻鳥出現在溪谷裡面，一點也沒有違和感，反而感覺到相當自在。

美子有次偶遇到紫嘯鶇，紫嘯鶇告訴美子，非常羨慕美子背上翠綠色的羽毛，並告訴美子，據說

古時候的人類會將這些羽毛收集，做為皇后及嬪妃的裝飾品，美子聽了非常驚訝，美子告訴紫嘯鶇，其實紫嘯鶇身上那種寶藍色的羽毛才更漂亮，如果身上的翠綠色羽毛會遭來殺身之禍，那還不如不要。

美子把這個故事告訴我，還提醒我雄鳥的羽毛顏色更加鮮豔，更吸引人類收集，我很慶幸自己沒有生在古代，否則應該很快地就惹來殺身之禍。

雖說秋天來臨了，冬天也近了，但竟遲遲沒有看到田中歸返的蹤跡，在渠道旁覓食的英子看起來更加形單影孤了。

雲林溪自從掀蓋後，遷徙至此的鳥類不少，有一隻栗小鷺便非常害羞，他不知道從何處遷徙到此，也不知道停留多久，因為他經常藏匿在水草裡面，所以也很少看到他的蹤跡。

自從構樹被砍之後，鳥兒們少了一個饗食天堂，後來我發現都會公園附近的生態池還有另外一顆構樹，就安慰白頭翁朱利安說，其他地方也有構樹，叫他不要太過傷心，朱利安發現後，偶而也會跑去生態池附近覓食，飽餐一頓。

河道轉彎處，晚上都會有一隻叫做明月的夜鷺固定在此守候，明月的食量很大，可以一次吞食一尾比我身軀大很多的鯽魚。由於夜晚都在此守候，

所以晚上發生的情況他最清楚，他說晚上河面有時
候會出現大批油漬，應該是有人偷偷排放廢水造成
的，有些魚會因此死亡，但這些魚跟被毒死沒有兩
樣，不能食用，他晚上看不清楚會吞食，結果肚子
要痛很多天才會好，後來他學乖了，只要有人偷偷
排放廢水，他就會飛到別處覓食，或者乾脆不要進
食，免得食物中毒，他甚至慢慢都能分辨出那些魚
是因為中毒死亡，那些不是，因為中毒死亡的魚眼
睛顏色會變成黑色，而且有一種臭味出現。

　　冬天來了，寒流也經常侵襲雲林溪，氣溫驟降
的時候，魚會躲到河床的底部避寒，我們覓食的難
度會增加，不免會挨餓，日子比較難熬。

　　有一天，一台人類的怪手突然進入河床，開始
挖除水草，首先第一個遭殃的是紅冠水雞家族，被
迫要遷離到有水草的地方居住。其次是經常在水草
上面嬉戲與進食的斑文鳥們，也都失去了蹤跡。

　　怪手繼續挖掘，一直到河道轉彎處才停止，我
跟美子也被迫離開西平路郵局前的覓食區，因為那
裡已經被怪手霸佔，我們只好飛到英子平常覓食的
渠道附近，英子好奇地詢問我們發生何事？聽到我
們的說明之後，英子終於忍不住問北野去哪裡了？
因為北野平常也是待在西平路郵局前的河段，我看
到北野出現在河道轉彎處，處境非常尷尬，因為怪

手正從河道另外一側步步進逼，而旁邊還有急著逃命的紅冠水雞家族。

英子要我轉告北野，可以到英子覓食處暫時避難，我飛到河道轉彎處轉告北野，同時心裡很納悶，英子為何不直接告訴北野？雖然北野最終還是沒有前來籽公園旁的英子覓食處，但北野似乎感受到英子關心的情意，在逃難中還能露出愉悅的表情。

怪手造成鳥兒們驚慌失措地逃竄，經過幾天後，河道的水草被清除乾淨了，露出原本鋪設的泥土與石頭，成群結隊的八哥在地面撿拾食物，包括一些隨著水草被剷除而曝露地面的小蟲、草籽等等。

堆積如山的水草好像亂葬崗一樣，屍體隨處堆放，八哥則活像在亂葬崗撿拾屍體遺骸的禿鷹。怪手終於離開了，河道也恢復了平靜，但卻留下光禿禿一片，沒有任何綠意。

這片荒蕪，大概已經不適合紅冠水雞居住了，我跟美子偶而會飛回去緬懷一下過去的情景，北野有時候也與我同行，我跟美子現在大部分都在英子覓食處附近逗留，順便陪伴她，這裡的水草也被人類用殺草劑噴灑，所以靠近河岸的水草也都枯死了，最近沒有見過栗小鷺，連褐頭鷦鶯也幾乎看不

見，更不用說斑文鳥了。

冬日的雲林溪，透露一種平日少見的荒蕪與淒涼。

我終於忍不住告訴北野，英子遲遲無法接受他的原因，是因為英子無法受孕，也就是無法繁殖下一代。所以今年的春夏之交，當北野露出繁殖羽不斷向英子示愛的時候，英子只能保持沉默，知情的田中只能默默地守護著英子，直到其北返，但是今年的冬天已經等不到田中的蹤跡。

我向北野吐露實情後，感覺到一種前所未有的暢快，我跟美子決定去都會公園的生態池逛逛，因為不忍目睹舊家園殘破的景象。

當我們回來的時候，竟然看到北野跟英子並肩飛翔，在那一片荒蕪之上。我不知道明年春天，當北野再度露出繁殖羽的時候，英子是否能夠接受他的示愛，但是此刻他們似乎已經無視於這樣的問題存在。

水草被剷除殆盡，明年春天應該還會長出來吧！

夜鷺明月跟我說，他現在已經懂得如何分辨中毒跟沒有中毒的鯽魚，自己不會再食物中毒了，如果分不清楚，就等白天再進食，就可以看得清楚。我聽完他的話，只有一種酸楚浮上心頭，並沒有喜

悅。

　　我跟美子只是暫時遷徙到不同河道，明年春天應該還是會回我們的老家。

　　我貼著河道飛行的時候，感覺得到冬日溪水氣溫的冷冽，水面平靜無波，魚兒們都潛藏在河床底部避寒，河面像鏡子一樣映照出周遭的景物，我突然看見自己的倒影，掠過河面時沒有激起任何的漣漪，內心感覺得到一種安詳。

## 龍過脈--廖添丁前傳

　　林內神社，斷垣殘壁猶存，北白川宮能久親王是神社祭祀的主神之一，如今已經改建成濟公廟，濟公廟創建人在日本殖民時期曾被徵召到新加坡擔任軍伕，回台後據說受濟公的感召而建廟，遂將原有的林內神社取代。

　　神社的主體雖然已經被破壞，但是其他配置一應俱全，參道、社號標、鳥居四座，還有大石燈籠六對、春日燈籠、揭示場、神橋、下乘礼、手水舍、石造狛犬、流造本殿等。

　　林內神社主祀北白川宮能久親王，幕末曾被佐幕派推為東武天皇，配祀開拓三神（大國魂命、大己貴命、少彥名命）、豐受大神等，奉祀能久親王的神社建於昭和十四年，地點選在當時的斗六街林內，牽扯一件乙未侵台戰爭不為人知的秘密。

　　蘇火燈與紅龜仔一路從大肚上堡跟蹤近衛師團到斗六街，來到林內，蘇火燈派紅龜仔向當地人打聽此地地名，紅龜仔打聽後回報，此地名為龍過脈。

　　能久親王率領的近衛師團勘查過地形，將軍隊

駐紮在龍過脈的山腳下，居高臨下，有利於防衛與
瞭望，能久親王在普魯士受過嚴格的軍事訓練，尤
其是陸軍的行軍、紮營等，一點都不能馬虎，他的
手下田中少佐負責整個部隊的駐紮工作，自然也是
安排的有板有眼。

　　紮營完成後，軍官們開始分派任務，放哨的放
哨，負責守衛工作的被編制在固定的位置負責守
衛，並且有排班跟輪流休息的機制，則由尉級軍官
負責安排，後勤部門開始去取水，準備埋鍋造飯，
收集柴火，也有部分士兵被分派到附近民家搜刮糧
食，沒多久，整個龍過脈的山腳下開始出現炊煙裊
裊，士兵們早已飢腸轆轆，等著填飽肚子。

　　蘇火燈跟紅龜仔兩個人餓到發昏，只好四處乞
討，好不容易有農家施捨兩粒番薯給他們，同時提
供自家的灶給他們烘烤，算是非常有人情味了。

　　為何說是很有人情味了，因為蘇火燈跟紅龜
仔，兩個人來自大肚上堡，這裡屬於泉州人的屯墾
區，講的話是泉州腔，俗稱海口音，而林內這邊的
人都屬於漳州腔，蘇火燈的口音一聽就知道不是當
地人，以前分類械鬥的時候，漳州人跟泉州人勢同
水火，殺人不償命的都有，雖然日本人來了，大家
開始一致對外，但是過去的陰影還是在，所以這樣

對待外地人算是有人情味了。

蘇火燈與紅龜仔兩個人雖然沒有吃飽，但因為跟蹤近衛師團一整天了，也累了，只好靠在民居的牆角休息，晚上睡覺時或許可以少一點露水凍浸身體受寒，此時已是農曆七月，天氣白天雖然炎熱，但在山林之地，晚上仍然相當涼快。

天色漸漸昏暗，家家戶戶的炊煙也逐漸消失了，表示民居農家都已經吃飽了。那個年代的人們沒有電燈，當然也沒有任何娛樂，大部分農家都已經準備就寢了。

黑暗中，幾名壯碩男子靠近兩人，有的手拿尖刀，有的手拿棍棒，約有四五人將他們圍住，為首一人，示意他們不要聲張。一人拿尖刀抵住蘇火燈的前胸，質問他是誰。

蘇火燈臉上沒有懼色，眾人更加起疑。

紅龜仔有點害怕，求蘇火燈告訴他們自己的來歷。

我們是從大肚上堡來的。

來這裡幹嘛？

我們是來殺日本人。

眾人對望一眼。

為首一人示意把尖刀放下，他們用麻繩把二人綑綁起來，用粗布將眼睛矇住，用布塞住他們的嘴

巴，兩人一頭霧水，被帶往另外一處民居。

這處民居距離並不遠，走路約莫十分鐘左右，眾人的腳程極快，蘇火燈二人差點跟不上，經常被推著走。

兩人被帶進屋後，隨即關上房門，蘇火燈及紅龜仔蒙眼被解開，看見房間內眾人手上都攜帶槍械棍棒，為首一人綁著辮子，手握一把尖刀，長相頗為兇惡，顯然是眾人的首領。他坐在一張木造靠椅上，前方有一部木桌，佩刀便放在木桌上，其餘眾人圍繞著他，站在他身後或者兩旁。

## 夜襲

剛剛帶隊的人簡單跟蔡少貓描述逮人經過，雖然蘇火燈說要殺日本人，但帶隊者還是覺得兩人很可疑。

自從能久親王率領近衛師團從澳底登陸後，雖然在各地遭遇不少義軍抵抗，但投降日本人的也不少，這些投降日本人的通常都被認定是漢奸，是日本人的走狗，其中最有名的便是開台北城迎接日軍的台北仕紳辜顯榮，所以抗日的義軍對待台灣人還是很小心。

　　蔡少貓開口問道，你們來這裡幹什麼？

　　此時旁人將布從蘇火燈口中取出，讓他可以答話。

　　蘇火燈說，「我要殺日本人。」

　　蔡少貓看著蘇火燈稚嫩的臉龐，覺得這個少年大約十五、六歲左右，但是他展現的堅定意志有點不可思議。

　　「你有殺過人嗎？」

　　蘇火燈搖搖頭。

　　「那你為何要殺日本人呢？」

　　蘇火燈欲言又止。

　　氣氛有點凝重，就像門外的露水一樣，在仲夏夜讓人感到一絲冰涼。

　　蘇火燈說，「他們侮辱了我的母親，我的母親不堪受辱，上吊自殺了。我的父親十分悲痛，跑去找日本兵抗議，結果當場被刺刀刺死了。」

　　蘇火燈說完，臉上留下一道淚痕。

　　蔡少貓命人將他們鬆綁，他將自己腰間的一把匕首交給蘇火燈，對他說，「你要報仇，得要自己動手，我們沒辦法幫你。」

　　說完，示意手下將兩人帶離開。

　　蘇火燈不願意走，他雙膝跪下，紅龜仔愣在旁邊，心想人家願意放我們走，你為何還不走？

　　蔡少貓看著蘇火燈，不等他開口，就拒絕了他。

　　因為抗日義勇軍這次夜襲行動，抱定的是有去無回的決心，這個少年顯然連人都沒有殺過，可能會變成義勇軍的累贅。

　　蘇火燈長跪在地不起，眼看著夜襲的時辰已到，義勇軍已經準備出發了，不能耽擱了時間，蔡少貓只好把這兩個少年交給一名手下看管，叮嚀他們不要輕舉妄動。手下仍舊用麻繩將二人綑綁，但是這次他對蘇火燈抱持的不是敵意，而是同情。

　　蔡少貓率領的抗日義勇軍是奉台灣民主國第二任總統劉永福的號令在此偷襲近衛師團，蔡少貓是劉永福的部將，奉命帶領十名黑旗軍的士兵及槍械，到斗六街招募當地鄉勇，組成一支臨時的抗日義勇軍，並埋伏在林內，伺機等待渡過濁水溪的近衛師團，發動伏擊，以便設法阻止日軍的攻勢，儘量折損其兵力。

　　能久親王率領的近衛師團約七千人，於一八九五年五月二十九日在基隆澳底登陸，此時已經進軍至彰化平原，駐紮一個聯隊在彰化負責肅清殘餘的抗日義勇軍，同時派遣五百名的前鋒渡過濁水溪，能久親王親自率領一個聯隊約兩千人，渡溪後駐紮

在林內，並未打算立即繼續推進，而是等待其他聯隊增援，能久親王則居高臨下，眺望斗六台地地形，與參謀討論並擬定作戰計畫。

　　蔡少貓率領抗日義勇軍約五十人繞道從山頂上向下突襲能久親王所在的主帥帳篷，這是一個沒有月亮的晚上，稀疏的星光讓人摸不著方向，為了奇襲，所有人早已撲滅了火把，還好有當地人帶路，義勇軍一個挨著一個，由於身穿草鞋或布鞋，腳底不易發出聲響。

　　夜襲行動確實神不知、鬼不覺，但以此稀少兵力，頂多只能使日軍行進速度減緩，無法將其全部殲滅，加上日軍武器較為精良，除了士兵每人都配備槍械外，還有騎兵及砲兵等，抗日義勇軍只有十支槍枝，其餘手持砍刀、棍棒，甚至還有削尖的竹竿，鋤頭鐮刀等，如果白天正面交鋒，可以說是直接去送死。

　　所以蔡少貓的計畫是偷襲主帥帳篷，如果成功暗殺主帥，那麼對於挫敗日軍士氣應該可以發揮較大效果，自己與義勇軍的犧牲也就有了代價。

　　在成功偷襲殺死幾名哨兵後，義勇軍開始進入日軍的營地，奈何帳篷的數量眾多，實在難以分辨那個是主帥的帳篷，等到蔡少貓發現營地中央有一

座掛著主帥旗幟的帳篷時，日軍已經發現了義勇軍的夜襲行動，主帥帳棚附近的士兵立即加入戰鬥，雙方陷入了一團混戰，槍聲響起，驚動更遠處的日軍，開始集結往主帥帳篷增援，火把也開始迅速在四處燃起，義勇軍被重重包圍，迅速處於劣勢。

　　負責看守蘇火燈及紅龜仔的手下將兩人綑綁後，立即尾隨義勇軍加入戰鬥，他沒注意到麻繩鬆脫，也或許是他故意讓麻繩鬆脫，兩人很快地就掙脫了麻繩，並且跟蹤在他的身後，他們一樣從山頂上的小徑進入日軍營地，這裡防守的兵力較為薄弱，而且都被義勇軍突襲後陣亡，這名手下用砍刀砍死了一名日軍，並繼續往前進，蘇火燈跟紅龜仔則躲在一個帳篷旁邊，伺機而動，由於兩人手中都無武器，蘇火燈手中只有一把匕首，無法加入戰鬥，因此決定進入一處帳篷搜尋武器，沒想到進入帳篷後，竟發現一名衣著高貴的軍官躺臥在床，這名軍官在黑暗中正搜尋手槍，準備射擊二人時，蘇火燈只好用匕首刺向他的胸膛，並趁機向外逃竄，外面滿布著日本士兵，義勇軍已經被殘殺殆盡，有士兵發現二人蹤影，一名士兵用刺刀劃過蘇火燈的肩膀，反而被他用匕首反擊刺傷了臉及眼睛，蘇火燈跟紅龜仔迅速往小徑逃竄，消失在黑夜中，幾名

士兵繼續追趕，被帶頭的軍官阻止，軍官擔心對方可能有埋伏，阻止士兵繼續搜索，只要求強化營地的守衛，並在主帥帳篷附近增添兵力，同時命令士兵清理並計算義勇軍屍體的數量還有日軍的傷亡損失，義勇軍共五十人戰死，只留一名活口被逮獲接受審訊。日軍死亡八人都是衛兵與哨兵，在戰鬥中受傷有十一人。

　　日軍的傷亡人數裡面有一個沒有被列入官方正式統計的人，就是躺在主帥帳篷不遠處帳篷的那名軍官。那名軍官的衛兵聽到騷動後就加入了戰鬥，沒想到軍官的帳篷被蘇火燈這兩名少年闖入，而且軍官已經被驚醒，發現有人闖入後，想要尋找手槍自衛，蘇火燈誤打誤撞用匕首刺殺軍官後逃逸，慌亂中刺殺的部位正是軍官的心臟要害，軍官也當場氣絕身亡。

　　這名軍官的衛兵立即通報主帥帳篷，這個時候，住在主帥帳篷內的是伏見宮貞愛親王，也就是北白川宮能久親王的弟弟，貞愛親王面色凝重地走向亡者躺臥的帳篷，看到躺臥在血泊中的北白川宮能久親王，深深地向他行一鞠躬禮，隨即吩咐手下為能久親王穿著正式禮服。

　　貞愛親王下令封鎖消息，但命人偷偷將遺體送

到基隆，由海軍送回東京，他親擬奏章並修書一封
告知當時的陸軍大臣大山巖其對應之策，由貞愛親
王的親信搭船送回東京，以防消息走漏。

## 龍戰于野

　　陸軍大臣大山巖收到信函，已是兩個月後的事
情了。

　　他對於皇族在殖民地前線陣亡的消息感到震
驚，由於此事牽涉到天皇的皇族，事關重大，他立
即在隔天的閣議後與總理大臣伊藤博文密商此事，
伊藤博文要求大山巖保守秘密，他並立即進宮晉見
天皇，面呈此事，此時能久親王的遺體已經到達橫
濱，停放在海軍基地的秘密處所。

　　明治天皇除了表示哀悼外，也同意此事不宜聲
張，以免影響軍心，他看完貞愛親王的奏章後，認
為處置得當。關於能久親王的喪葬儀式，則待殖民
地戰事告一段落，台灣民主國平定之後再處置，務
必使能久親王以凱旋榮歸的儀式回到日本。

　　明治天皇並指派曾任學習院院長的近侍太宰一
協助伊藤博文處理能久親王的喪葬事宜，出身宮內
廳的太宰一建議先將能久親王的遺體送往位於奈良

的一處皇族墓地安葬，至於對外公開的喪葬儀式則留待日後再以衣冠塚的方式進行祭祀，由於事關皇族喪葬事宜，原本就是宮內廳的權責，伊藤博文認為內閣不宜過問，一切均聽從太宰一的建議，並由內閣府中選出幾位幹練的參予協助太宰一。

太宰一不但潛心修讀國學，也就是儒學，同時也深諳陰陽五行之術，他仔細閱讀貞愛親王的奏章，發現能久親王陣亡之地名為龍過脈，似乎蘊含特殊的風水地理。日本甫獲清廷割讓台灣，台灣以海角之一隅，竟負隅頑抗，就印證了易經坤掛上六象辭，龍戰于野，大清帝國氣數已盡，而大日本帝國將取而代之，日本皇族應該興建神社在龍過脈上，鎮壓大清帝國的龍氣，使之氣竭，則大日本帝國的統治將長治久安。

太宰一隔日便啟奏明治天皇，天皇也深表贊同，但顧慮伊藤博文曾至英國留洋學習，深受西方科學的浸淫，概不信風水地理之說，關於風水地理之說，姑且隱之，且傳天皇旨意，命令內閣在龍過脈興建神社，祭祀能久親王即可，太宰一遵從諭旨，面告伊藤博文，伊藤只能照辦，因屬內政，不再透過陸軍大臣大山巖轉知貞愛親王，而是直接以信函通知台灣總督樺山資紀負責此事。

　　蘇火燈肩上被刺刀劃過，傷口雖深，不及致命，算是命大。

　　兩人往小徑逃竄的時候，日本士兵連開數槍，蘇火燈僥倖躲過，但紅龜仔卻沒有那麼幸運，大腿上中了一槍，血流如注，只能緊急用布包紮止血，所幸日本士兵未再追趕，兩人連夜逃命，且走且休息，到了天明時刻，已經到達濁水溪邊，此時正逢夏季，溪水湍急，沒有藉由浮木或者石頭等做為支撐，兩人難以渡溪回大肚上堡，而且受傷明顯，彰化平原尚有近衛師團一個聯隊正在肅清反抗軍，此時回到大肚，難逃一死。

　　兩人不及細想，決定沿溪往西避難，二人雖同屬十五六歲的少年，正當年輕氣盛，但經過昨夜的負傷奔逃，也已疲累不堪，既然來到安全處所，就不急著逃命。

　　此時正當農曆七月，西洋曆已經是八月入秋了，溪畔長出了很多芒草，有的芒草早已超出一人高，正好掩蓋住二人的行蹤，濁水溪畔早晚風勢強勁，陣風吹拂，帶有些許涼意，二人不免打了個寒噤，起了雞皮疙瘩，蘇火燈想起自己父母雙亡，身世淒涼，內心感到哀戚，眼眶含著淚，但卻強忍住悲傷，如今與兒時玩伴紅龜仔相依為命，剛剛經歷險關，驚魂未定，卻只能繼續往前行。

　　蘇火燈用匕首幫紅龜仔製作了一支拐杖，自己也簡單包紮了傷口，兩人就這樣一拐一拐地，互相扶持，沿溪往下游行走，途中只能喝溪水，採擷一些野果野菜充饑，紅龜仔不久傷口就開始發炎。蘇火燈因為父親是拳腳師傅，曾經教導他，有些草藥可以暫時止血，採來後搗碎敷在自己跟紅龜仔的傷口上，但是紅龜仔因為傷口發炎，已經開始發燒了，蘇火燈心裡很焦急，但也是束手無策，紅龜仔的大腿上顯然卡了一顆子彈，才會持續發炎，蘇火燈自己的傷口敷了草藥後，反而無礙。

　　他也想過用匕首將子彈取出，但畢竟自己毫無經驗，怕傷了筋脈，這樣反而害了紅龜仔。

　　就這樣走了一天一夜，兩人到達一處人煙比較多的地方，經過打聽，此地名為西螺堡，又稱螺陽。當地人看兩人傷勢嚴重不敢收留，有好心人建議他們去武館找張廖石獅。

　　蘇火燈背負著紅龜仔，走到武館前，已經不支倒地。

　　恰巧武館弟子出外辦事，一開大門，就看見兩人倒臥在地上，只好立即折返，稟報師傅知情。

## 北白川宮能久親王

　　北白川宮能久親王是個悲劇性的人物，他曾經
在名義上是一國之君，稱號東武天皇，佐幕派用他
跟明治天皇對抗，但是命運之神的天平向明治天皇
傾斜，他的命運開始發生戲劇性的變化，爭奪皇位
失敗的他，被軟禁在京都御所，被迫剃度為僧，但
最後又獲赦還俗。前往普魯士接受軍事訓練後，他
只能征戰沙場、為國效命，清廷割讓台灣給日本，
樺山資紀被派任為第一任台灣總督，能久親王率近
衛師團來台平定民亂，卻是為他人作嫁衣，最後竟
然不幸死在台灣。

　　既然曾經躋身為一國之君，自然有其心高氣傲
之處，當日登陸澳底之時，也曾意氣風發，擁開疆
拓土之功，甚為威風。台灣民主國雖然宣告成立，
但確實是一群烏合之眾，唐景崧沒多久就棄城逃
亡，倡導建國的丘逢甲亦是如此，足堪明鑑。

　　台北城商紳辜顯榮開城門迎接日本皇軍入城
時，能久親王騎在馬上，器宇軒昂，顯得多麼飛揚
跋扈。

　　因為懷著孤臣孽子之心，他每每都是身先士卒，
以致於身歷險境。乙末戰爭中，他多次率領精銳，
衝鋒陷陣，做為近衛師團的先鋒，率先征服島嶼的
化外之地。

　　這次南下渡過濁水溪，早已有參謀反對，認為近衛師團戰線過長，已經從基隆延伸到彰化平原，首尾不能相顧，但能久親王認為兵貴神速，雖然他在新竹牛埔山時就已感染霍亂，但看到親弟弟貞愛親王率軍前來相助，又激起他的雄心壯志，想要快速征服整個島嶼，因此不顧參謀的反對，繼續渡溪前進。

　　為了避免能久親王遭遇危險，貞愛親王提議故佈疑陣，因為台灣的民間傳出能久親王遇襲身亡的故事，可見台灣的反抗軍莫不以能夠擊殺能久親王或者俘虜他為榮，而陷入霍亂疫情、身體日漸虛弱的他恐怕無法抵擋刺客的襲擊，但能久親王又堅持自己必須親自上戰場，所以貞愛親王安排能久親王在主帥的副帳休息，自己身居主帳，不幸遭遇襲擊時，自己尚能抵擋。

　　貞愛親王的估計與預測竟然實現，命運之神捉弄人之處在於，主帳的確阻擋反抗軍的襲擊，且將他們全數殲滅，但沒想到在病榻中的能久親王在副帳卻被蘇火燈誤闖，進而被刺殺身亡。

　　正所謂「出師未捷身先死，常使英雄淚滿襟」，能久親王臨死前那一刻，眼中含淚倒在血泊中，絕對不是因為病痛或受傷，而是因為功業未成竟要辭世，心有未甘。而這樣的心有未甘，當然不

是亟欲復仇的少年蘇火燈可以理解。對於蘇火燈而言，父母身亡的不共戴天之仇，足以令其擊殺千萬個日本軍人，又何止能久親王一人呢！他完全不知道自己擊殺的是這樣一位身分尊貴，曾經領導大日本帝國的東武天皇。

蘇火燈跟紅龜仔被人攙扶到武館裡面，石獅師傅坐在客廳檢視他們的傷勢，發現蘇火燈自己用草藥敷的傷口已無大礙，但紅龜仔的傷口必須立即將子彈取出，否則有生命的危險，他命人用米酒清洗傷口，再將匕首燒紅消毒，由徒弟將紅龜仔綑綁在椅子上，三人分別捉住其雙手雙腳，然後割開傷口取出子彈，紅龜仔的哀叫聲響遍街里，但武館內經常傳出師傅治療傷患的慘叫聲，鄰里倒並不驚訝。

西螺堡屬於閩客雜居，泉州惠安人、漳州人及韶安客都有，過去屬於平埔族巴布薩族 sailei 社居住的區域，sailei 的發音類似漳州話的西螺，平埔族後來逐漸與漢人通婚，所以很難辨識。

蘇火燈雖然一看就知道是外地人，但是語言倒是可以互通，進食片刻後已能言語，石獅師傅詢問他們從哪裡來？為何受傷？蘇火燈都照實回答。

石獅師傅一聽到是襲擊日本人受傷，就不再追問，只交代他們好好養傷。

當他知道日本軍隊已經渡溪到林內時，立即派徒弟們邀請各武館的師傅們到這裡來商議共同禦敵的策略，此時的近衛師團因為發生能久親王遇襲身亡的事件，已經按兵不動，打算待北方平定後，再繼續前進。

石獅師傅這次邀集各武館師傅會商，大家不分閩客、無論漳泉，達成共識，只要日本軍隊來襲，大家都會一致對外，抵抗日本人的入侵，但是對於主動進攻襲擊日本軍隊這件事，倒是無人附和，畢竟代價太大了。

西螺堡目前暫時避開了這場席捲全台的風暴，西螺堡因此享有一種風雨中的寧靜，雖然這樣的寧靜無法持續太久，但是讓蘇火燈跟紅龜仔養傷倒是綽綽有餘。

貞愛親王在停駐林內期間，並沒有閒著，他正在擬定下一個階段的作戰計畫，從一個殖民帝國的角度來思考，雖然馬關條約簽訂了，清廷在國際法上已經正式將台灣讓渡給大日本帝國，但是民心不服，征服戰爭是無可避免要發生的，不能把取得台灣視為理所當然。

大日本帝國的頭號敵人已經不是大清帝國，而是台灣民主國。而大清帝國已經幫不上任何忙，對

於剛剛宣布成立的台灣民主國，大清帝國縱使不承認，也沒有能力幫助大日本帝國將其消滅，日本最終還是得靠自己的力量征服，這才是最可靠的。

台灣民主國總統唐景崧已經棄城逃跑，台北仕紳辜顯榮開城迎接，大日本帝國兵不血刃、無血開城，敵人不攻自破，算是打了漂亮的第一仗。

但是黑旗軍將領劉永福隨即繼任第二任總統，這個人看起來比唐景崧難纏，所以能久親王才會急於南下，目的便是要率軍剿滅劉永福，消滅台灣民主國，畢竟一個宣稱代表台灣的政府，絕對比其他任何組織的民亂更能形成對大日本帝國的威脅，生長在皇族中，飽經政治鬥爭的貞愛親王更能體會事情的嚴重性。

他們在皇族中的這一脈，已經無法靠兄長能久親王建功來延續，接下來自己得要扛起這個責任，讓父親伏見宮這個血脈延續下去。

正當貞愛親王在擬定新的作戰計畫的時候，台灣民主國的第二任總統劉永福竟送來了降書，對於貞愛親王而言，接受劉永福的降書並沒有意義，征服台灣並且打敗台灣民主國政府才有意義，貞愛親王完全沒有理會劉永福的降書，不但持續操練第一聯隊，而且等待第二聯隊從彰化平原南下，便要進攻嘉義，然後一舉拿下台南府城，打敗台灣民主

國，立下戰功。

在訓練軍隊的同時，他不忘派遣親信佐藤少佐秘密查訪殺害能久親王的兇手，抗日義勇軍當晚偷襲後曾留下一名傷者遭佐藤拘禁，佐藤對他進行刑求及祕密偵訊後，他供稱有兩名少年從大肚上堡跟蹤近衛師團到達林內，目的是為父母報仇，其中一名少年為蘇火燈，另外一名叫做紅龜仔。

貞愛親王將尋找這兩名少年的任務交付給佐藤少佐，隨即開始進軍嘉義，在義竹安溪寮遭遇並打敗一批抗日義勇軍後，隨即往台南府城推進，劉永福最後仍是棄城搭船逃亡，根據線民提供情報，劉永福搭乘一艘英國商船塞里斯號前往廈門，貞愛親王通知海軍前往圍捕，海軍登艦後查獲劉永福，最後因為塞里斯號船長的抗議，海軍並未將劉永福帶回。

平定台南的台灣民主國政府後，貞愛親王命人喬裝打扮成能久親王，對外宣稱能久親王罹患霍亂，將能久親王的替身送上海軍軍艦，回到日本沒多久，首相伊藤博文便宣布了能久親王的死訊。

日軍擊敗台灣民主國後，並未停止戰爭，因為台灣各地抗日義勇軍仍不斷有游擊及偷襲日軍行動在進行。日軍持續增援，隔年，由彰化渡過濁水溪進攻西螺等地，這一次的目標已經不是台灣民主

國，而是民間自衛武力，這些民間自衛力量都被視為是日本征服台灣的阻力，必須加以肅清。

## 西螺七崁

石獅師傅在西螺堡是個傳奇人物。

據說他可以單手扛起一頭石獅，還有一說是他可以一拳擊破一隻石獅。總而言之，他的名號在西螺堡非常響亮，跟其他武館的師傅齊名。

西螺七崁原本是詔安客的規約，譬如第一崁是生廖死張，生前姓廖、死後姓張。像石獅師傅生前就姓廖，蘇火燈自從被石獅師傅營救後，因為父母早已雙亡，且石獅師傅獲知他刺殺日本軍官，日軍將會報復，因此讓他改姓廖，名添丁，他跟紅龜仔跟隨石獅師傅學習武功。

由於清末民亂以及日軍南侵，西螺堡飽受威脅，石獅師傅發起聯防自保，受到各家武館的支持，因此原本詔安客的七條規約被誤解為七個聯防組織及區域，也叫做西螺七崁。

廖添丁原本是個外來客，照理說沒有資格學習武館的武功，成為石獅師傅的義子之後，石獅師傅自然傾囊相授，其實廖添丁的父親也是個拳腳師

傳，所以他自小武功底子就不錯，這一年來經過石獅師傅的調教，更是功力大增。

西螺七嵌地區，原本有三個武功流派，分別是振興社、勤習堂跟武野館，其中最有名的是振興社的金鷹拳、勤習堂的太祖拳及武野館的布雞拳。

原本三個武功流派之間互不教授武功，但是為了抗日，各武館之間也同意每月初一、十五日，齊聚在一起切磋武功，沒想到日子久了之後，廖添丁除了振興社自家的金鷹拳之外，竟然也偷學了勤習堂的太祖拳，包括太祖蝶拳、鶴拳、虎拳、蛇拳以及猴拳的招式，同時還加入布雞拳的招式，自創了一套武功，命名為西螺七嵌，這七個拳腳招式分別為「雙龍出水」、「五虎下山」、「犀牛望月」、「仙女紡紗」、「貂蟬照鏡」、「劉全進瓜」，以及最後一招「關公倒拖刀」。

其中，雙龍出水為雙拳猛然出擊，由下往上進攻對手頭部，五虎下山則是居高臨下，化拳為掌，猛然下擊，犀牛望月以鐵頭功突然攻擊對手心臟，使其窒息。仙女紡紗則是以連環拳進攻，使對手措手不及，貂蟬照鏡以掌攻擊門面，破壞對手視線，同時以拳攻擊其腹部，劉全進瓜，則是以腳掌突然踢出，攻擊對手下陰，最後一招關公倒拖刀是佯裝退卻時，引誘對手進攻，以後踢加迴旋連環腿攻擊

對手下盤，再回頭猛然雙拳齊出，在詐敗後隱藏後招，連環攻勢猛烈，給對手致命一擊。

廖添丁自創招數後，在西螺七嵌比武，幾乎沒有敵手，除了自己的師傅兼義父石獅沒有真正較量過之外，其他武館的弟子幾乎不是他的對手，石獅仔一再叮嚀不可與其他武館的師傅較量，因為廖添丁的武功其實是從其他武館偷學來了，打敗其他師傅不禮貌，而且恐怕招致怨恨，有傷和氣，所以廖添丁謹遵教諱，只敢挑戰各家武館弟子，不敢造次挑戰師傅輩人物，勉強可以維持武館間的和諧。

正當廖添丁學藝有成的時刻，日軍已經悄悄南下，準備肅清這些地方自衛武力，而西螺各家武館首當其衝，山雨欲來風滿樓，一場狂風暴雨即將襲擊濁水溪以南的西螺堡、他里霧及斗六門，戰雲密布，沒有人可以倖免於難。

首先，出身西螺堡的廖璟琛加入鐵國山的抗日行動，他們盤據在鐵國山一帶，並伺機偷襲斗六門駐紮的日軍，給日軍帶來極大的困擾。

一八九六年六月十三日，廖添丁得知日軍即將渡濁水溪南下進攻西螺堡，他未經石獅師傅的同意，私下帶領武館的弟子二十餘人前往埋伏，恰巧遇到日軍一小隊士兵於夜晚渡溪偵查，正在岸邊休

息之際，廖添丁發動奇襲，斬殺了兩名士兵的頭顱，其餘士兵紛紛往北渡溪逃竄。

廖添丁將兩名日本士兵的頭顱懸掛在王爺宮的廟埕上，以宣示抗日的決心，引來很多民眾的側目，有些民眾豎起大拇指稱讚其勇敢，但也有民眾擔憂日軍恐怕會以屠殺對待西螺堡，紛紛先行遷往他處，搞得大家人心惶惶。

石獅仔把廖添丁叫回家，表情凝重地說。

「日本人有槍枝，我們只有拳腳跟棍棒，我不想看到你在這裡犧牲。」

廖添丁執意要留下繼續對抗日本人。

石獅仔說，「你要延續你家的香火，也要延續我家的香火，這是詔安七崁當中的第三個箴規」，「第三崁：得正祀位猶勝籃轎八臺」。「你既身為我的養子，保留我家的香火是你最重要的任務，不能違背你當初的誓言。」隨後出示詔安七崁的文字給廖添丁，要他謹記在心，廖添丁雖然目不識丁，但仍心存忠孝節義，不敢違背祖訓。

石獅仔又說，我的師祖阿善師來此開館授徒，告誡弟子習武要行俠仗義，不可自恃武功，欺壓善良。你今日先離去，免遭日軍報復，來日傳我振興社武功，光耀門楣。

廖添丁在客廳跪了兩個時辰，仍不願離去，石

　　獅仔沒有再說一句話，只是說，你如果不走，不但是對我不孝，也對不起你死去的父母。

　　廖添丁哭紅了眼眶，隨後起身跟紅龜仔打包了簡單的行李，往東投靠鐵國山義軍。

　　隔日，日軍果然渡溪大舉來犯，石獅仔早將武館弟子盡數遣散回家，只留下自己孤身一人坐在客廳，日軍闖入時，他安然入座，臉上沒有懼色，日軍原本擔心有埋伏，後來清查了所有房間，確定無人後，將其押至王爺宮廟埕，當眾嚴刑拷打，但石獅仔沒有吐露任何一句話，最後日軍當場將其槍殺。

　　廖添丁得知石獅仔的死訊後，嚎啕大哭並仰天長嘯，此後便未曾再流淚。

　　乙未戰爭後，日本統治台灣，貞愛親王的親信佐藤少佐升任台灣總督府警視（即警察局長），繼續追查少年蘇火燈的下落，派員在西螺地區訪查時獲知少年蘇火燈最後在西螺堡獲救，並改名廖添丁，於是發布全台通緝令，誓言將廖添丁逮捕歸案。

　　廖添丁最後在日本警察全力追捕下，死於台北廳八里坌堡。

　　林內神社最終于昭和十五年（1940 年）興建完

成，主祀北白川宮能久親王。國民黨政權遷台後，
蔣介石總統收留日本投降軍官組織白團協助訓練國
軍，一名曾任職近衛師團的日本軍官田中向蔣介石
密報林內神社的風水地理之說，包括在林內龍過脈
構築神社旨在延長大日本帝國國祚等，令蔣介石信
以為真，任命蔣經國為總政治部主任，蔣經國則命
王昇成立「夕日專案」，負責拆除皇民化運動中象
徵日本天皇神權統治的各種神社，林內神社主體建
築于一九五七年遭到拆除，原址另闢建為濟公廟。

涵碧樓傳奇

## 念歌仙

> 我來唸歌囉　呼恁聽噫　不免卻錢啊免著驚呀
> 勸恁做人著端正　虎死留皮啊人留名唉
> 講甲當今囉的世間哩　鳥為食亡啊人為財死啊
> 想真做人攔著嗨嗨　死從何去生何來咿

吳天樂一手拿著月琴，另一手彈唱。

走過陳阿舍的門口時，期待有人可以施捨一些食物給他。

陳阿舍的佣人拿出一碗白米飯，飯的上頭有放一塊豬肉跟兩塊菜頭。

看起來今天這頓真正澎拜。

吳天樂內心竊喜，手中沒有忘記用筷子扒飯，然後嘴巴開始咀嚼起來。

真香！

這米應該是濁水溪的米吧！

這個陳阿舍算是一個好人，伊的心內這樣想。

但是伊不好意思一直待在人家的門口，吃完飯就準備走路。

一面走，一面唱。

人生路漫漫　積少成多散
有的努力有的懶　看破千金不換
排排坐在人生的車站
枕邊的人也難常相伴

這是一條暗巷，晚上的時候很暗，幾乎沒有燈光。

位於保生大帝廟的後面，廟的後簷掛著一盞昏黃黯淡的電火。

平常時，很少人會走這裡。

這也是吳天樂晚上歇息的地方。

無人會攪吵他的清眠。

伊在要睡之前，按照習慣都會彈一下月琴。

思阿想阿枝

月琴伴隨著沙啞的嗓音，透露出來的氣息是一種江湖的氣息。

吳天樂出來行走江湖也已經整整四十年頭了。

伊的故鄉在土庫無底潭，無底潭古早可能真的有一個潭深不見底。但是現在已經看不見了。

黑暗中，竟然有一個查某走近。讓他嚇一跳。

汝要幹什麼？

　　那個查某拿兩條已經烤好的番薯，放在吳天樂的面前。

　　吳天樂看看伊，又看看番薯。

　　兩條番薯剛剛烤熟，還是溫熱的。

　　番薯烤熟的香味陣陣傳來，伊已經開始流口水了。

　　汝要什麼？

　　「我想要聽汝唱歌」。女人說。

　　噢！

　　吳天樂拿起月琴，叮叮咚咚彈了起來。

　　勸恁朋友 著做好 世間暫時來七迌

　　做好做歹攏有報 天理昭昭毋是無

　　這名女人先是將頭慢慢地靠在吳天樂的肩膀，陶醉在吳天樂的歌聲中，吳天樂雖然緊張，但手中的撥弦不斷，口中的唸歌也如同往常一樣，好像高山上的泉水一樣，自然湧出，且帶有一股清涼，略帶一些滄桑。

　　女人隨後起身離去，消失在漫漫黑夜的長巷之中。

　　吳天樂的歌聲並沒有馬上停止。

伊用歌聲伴隨著女人的腳步，直到女人走出伊
的視線之外，伊才停止吟唱。

此時，突然覺得夜半露水漸濃，屋簷上竟然滴
下幾滴，落在伊的衣服上。

伊感覺有點冷，捲曲著身子，靠著牆角，拉起
一片木板遮住四周逐漸瀰漫的寒氣侵襲。


吳天樂兩眼迷茫，逐漸睡去。

睡夢中，突然被一陣鑼聲驚醒。

幾名看似官府衙役的人往伊走來，這幾人手裡
都拿著火把，似乎在走找著什麼。

一名衙役用火把照了一下吳天樂，大聲喊「不
是伊！」

隨後離去。


吳天樂就這樣睡去。

隔天太陽剛露臉，伊就起身。

往市場走去，希望能夠施捨一碗稀飯，或者一
點地瓜。

伊邊走邊逛，但市場上的攤販都不太搭理伊。

突然之間，伊看到市場一旁有一個告示牌，貼
著一張官府的告示。

上面寫著婦人崔英殺死親夫武雄後逃逸，如果

有人看到，趕快稟報官府，官府懸賞十分錢。

　　吳天樂看到告示後，伸了一個懶腰。這十分錢伊是賺不到，就算賺到，也不是現在，伊現在最重要的是趕緊填飽肚子。

　　嘉祥踏進教室，教室裡面都沒人，他大概比上課時間提早了半個小時。

　　這是他考上台文所後第一次上課。

　　坦白說，他有點興奮，又有點緊張。

　　當了八年的記者之後，他想讓自己休息一下，充充電。

　　雖然經過了八年，有段時間，他的文學夢早已破碎。

　　但是，最近，他想要寫作的念頭卻越來越強烈。

　　或許是經歷過太多事情吧！

　　這一門課程是台灣文化導論。

　　想當年，他在搞學生運動的時候，也是校園赫赫有名的人物。

　　八十年代台灣的學生運動，從鹿港反杜邦事件開始，接著要求廢除校園審稿制，爭取言論自由，

接著政府宣布解除戒嚴，社會運動與學生運動大放異彩。

各大學學生會串連，要求大學自治，政黨、教官退出校園等，等到八十年代末期，各種環保社團、女性社團、原住民運動社團紛紛成立，台灣文化社當然也不例外。

九十年代初期，就是這些異議性社團的天下，嘉祥當年也是搞台灣文化社出身的。如今回到校園繼續攻讀台文所，似乎只是回歸到當初的理想而已，並不奇怪。

只是看到校園學生的臉孔那麼青澀，突然意識到自己已經老了，至少已經步入中年了。低下頭就可以看到自己的魷魚肚，這是缺乏運動的結果。

雖然是一樣的校園景觀，總覺得看起來特別清新，這種特別清新，可能是因為自己的工作環境都不清新所產生的對比吧？他自己突然這樣發現。

學生陸續走進教室，這門課修課的學生不少，以研究所的狀況來看，博士生加碩士生竟然有十幾個人，算是多的。

等待老師一走進來，嘉祥發現，竟然比自己還年輕。

老師把這學期上課的大綱講解了一遍，並且分

配了每個人要準備報告的 PAPER 及主題，任務分配就緒。

此外，老師還安排了一場台灣歌仔冊的民間藝人表演，俗稱唸歌仔仙。這個唸歌仔仙是國寶級的人物，讓人非常期待他的到來。

吳天樂在市集附近兜圈子，浪流連了半天，也沒有人願意施捨一點吃的東西給伊，伊感覺飢腸轆轆，肚子裡面一直打鼓。

因為走路走得太累，只好先蹲在一旁休息，旁邊就是一個涼水亭，但是伊沒錢喝涼水，只好跟店家施捨一杯開水，店家看伊可憐，就給了伊一杯白開水解嘴乾。

伊一邊喝一邊聽涼水亭裡面的人聊天，有人開始議論紛紛，說那個查某怎麼那麼殘忍，竟然謀害親夫，拿菜刀砍下男人的頭顱。

也有人說，是那個尪很可惡，對女人很沒人性，動不動就拳打腳踢，所以，女人受不了，只好拿菜刀割了男人的喉嚨，像殺雞放血一樣，男人喝醉了，在夢中血流乾了，應該沒有什麼痛苦，但是，聽說房間內流滿了血，厚厚一層，洗也洗不乾淨。

女人早已不知去向，男人的弟弟半夜回家，去

找男人喝酒，發現血流滿地，男人早已斷氣多時，連夜去報官。官差立即出動去找女人，但半夜的視線不好，找不到人。

吳天樂向店家央請，可不可以在店內唸歌仔給客倌聽，賺點錢，店家只准他在門外唱，如果客倌願意打賞，店家沒意見。

吳天樂拿起乞丐琴，叮叮咚咚彈奏起來，一首勸世歌唱起來是很動聽，好心的客人打賞，最後得了兩分錢。

店家趕緊打發伊離開，不要妨礙伊做生意。

吳天樂得了兩分錢，心內真是歡喜。

伊向市集走去，要看有什麼好吃的東西倘買。

走啊！走啊！

看到頭前真多人，伊真好奇，也圍上去。

地上躺著一個女人，被草蓆蓋住身體。

伊忍不住問旁邊的人，「這是誰啊？」

有人應聲說，殺死親尪的那個查某啦！

「那會躺在這裡？」伊問。

「上吊自殺死的。」又有人應聲。


原來這個查某昨天晚上殺夫之後，躲到附近的樹林裡，然後上吊自殺。

早上，有人去山上撿柴火，在一條偏僻的小路

發現的，立即通知官府的人。官府的人正在等候家
屬認屍。

　　遠遠看到一個老婦人哭哭啼啼走來，掀開草蓆
後就放聲大哭，旁邊一個男人幫忙伊把屍體抬回
去，還有一個人沒忘記跟伊要草蓆的錢。

　　草蓆被掀開的時候，吳天樂嚇了一跳，地上躺
著那女人不就是昨天晚上要伊念歌的那個女人？！

　　到底伊昨天晚上看到是人還是鬼？

　　不對，昨天晚上看到的應該是人，現在看到才
是鬼，不是鬼，是屍體。

　　吳天樂嘆了一聲氣，那會這麼歹命呢！隨後轉
身離去，不忘哼了一句念歌仔「死從何去生何
來」。

　　吳天樂花了兩文錢買了一份便菜飯，也算是止
餓。

　　中午的這餐算是解決了。但是下一頓呢？還不
知道。

　　吳天樂走啊走，不小心就走到保生大帝廟的門
口，剛好遇到廟公阿文，阿文招呼伊進去坐。阿文
好心泡了一杯茶請伊喝，吳天樂感覺這杯茶特別甘
甜。

　　兩人一開講，沒多久，就講到那名殺尪的女人，吳天樂說，昨暝那個女人來找伊，叫伊唸歌讓女人聽。想不到，隨後就發生這樣的代誌。

　　廟公阿文說，「這一切都是天註定吧！」查某的尪是一個愛喝酒的酒空，整天喝到醉茫茫，喝醉了就找女人的麻煩，不是硬要上，就是被拒絕後腳來手來，把女人打到鼻青臉腫，這個女人應該是受不了，才會拿刀殺伊。

　　阿文說，「這個查某跟汝真有緣，竟然會在殺人前找汝，聽汝唸歌給伊聽。」，「說不定，是汝給伊殺人的勇氣。」

　　阿文這句話說完，吳天樂感覺回答「是！」或「不是！」都不對。

　　所以只好告辭。

　　吳天樂舉起雙手，合掌向保生大帝拜拜，然後轉身離去。

　　日頭落，黃昏到。

　　伊厚著臉皮又跑到陳阿舍的家門口彈月琴唸歌仔，用人開門後給伊兩個烤番薯。伊歡歡喜喜地回到保生大帝廟的後面巷子裡，吃完後，心情有一點變好，叮叮咚咚又彈起月琴，不知彈了多久，月娘竟然已經來到半山腰，伊有點愛睏了，正準備要睡時，遠遠又看見一個女人走來。

等到女人走近，伊發現竟然是昨暝那個查某，心裡十分驚惶。

伊感覺自己的雙手有點發抖。

女人開口說，「汝可以唸歌仔給我聽嗎？」

吳天樂沒有應聲。

月琴的聲音雖然響起，但是伊唱不出嘴。

女人說，「唸昨暝的勸世歌」。

吳天樂開嘴開始唱，聲音竟然有點顫抖。

勸恁朋友 著做好 世間暫時來七逃
做好做歹攏有報 天理昭昭毋是無

不知道又唱了多久，吳天樂才發現那個女人消失了，不，應該說那個女鬼。也許伊是感覺到寂寞吧！吳天樂把生死看得有點淡，對於女鬼出現倒不是那麼在意，只是伊又愛睏了。

嘉祥修這門課可說是得心應手。

他對台灣文化原本就有一種熱情。老師好像也感受到他的那種熱情。

但是，在他離開報社之前的嘉祥不是這個樣子。

他原本在政治組跑新聞，已經跑到很熟手了。

甚至跟很多政治人物都有私交，也常常跑到獨家新聞，獲得報社高層的肯定。

嘉祥可能是表現太好，他的直屬主管對他開始感覺不放心。怕嘉祥升得太快，威脅到他的地位，因為嘉祥進報社才一年，竟然就升到政治組的副組長。

他的直屬主管嗲是算真奸巧，知道高層賞識嘉祥，故意將計就計，就在報社更換總編輯，把敵報的社會組大將挖角過來的時候，這位出身社會新聞的新任總編輯決定要大幅整頓報社人事。

那個時陣，水果日報剛剛進軍台灣市場，社會新聞的份量逐漸加重，報社極度缺乏高手跑社會新聞，嘉祥的直屬主管趁這個時候向總編輯建言，說嘉祥的能力超強，帶領社會組一定可以衝刺跑出好新聞，就這樣，嘉祥被調到社會組，還是擔任副組長，但是，他原先的政治人脈幾乎完全派不上用場。

嘉祥得要重頭開始，他的政治人脈很快就被直屬主管接收了。

他把全市六個分局的刑事組幹員名字全部背熟，花了兩個禮拜時間，認識所有的刑事組幹員，也讓刑事組幹員認識他。

然後，想辦法跟刑事組組長建立交情，每天泡

在刑事組裡面。

最後，也就是最難的部分，想辦法跟刑事小隊長套交情，這個比跟刑事組長套交情更難。

於是，嘉祥經常在下班後跑去刑事組鬼混，然後出現在鵝肉攤，酒店，續攤，再續攤，最後喝到天亮，有時候發現自己車子停在圓環邊，睡到快中午才起床，有時候，早上醒來，在自己的套房，但是忘記自己昨天晚上是如何開回家的。

腰圍越來越粗，酒量越來越好，但是身體健康越來越差，然後，直到有一天，藝文組的女同事忍不住對他說，「你以前看起來很像文青，現在看起來很像流氓」。

一開始，他覺得自己收到這樣的稱讚是融入工作環境的表現。

他認識並結交黑道大哥的兒子，這個兒子還是個警察。

自從他認識這個黑道大哥的兒子之後，那些跑社會新聞的老鳥都對他另眼相看。認為他已經是有人罩著，不敢得罪他。嘉祥一開始覺得這是成功。

但是黑道大哥的兒子對他的要求越來越多，當然，這個黑二代也待他不薄，有一次在一家黑二代開的酒店裡面，當場跟他說，如果開第二家，就讓他認乾股。嘉祥當時聽了有點得意。因為同業裡

面，就有社會組的老鳥曾經跟他炫耀，如果吃得開就不用靠薪水過日子，現在自己竟然已經混到這個階段了。

但是，黑二代要求他「配合」新聞的頻率越來越高，「配合」相關新聞報導的嚴重程度也越來越高，嚴重到明顯偏袒黑二代家族的立場已經違反新聞專業的原則，不僅嘉祥自己注意到，報社編輯台也開始有人對他提出警告，甚至直接修改刪他的新聞稿。

嘉祥明白自己似乎不知不覺走上黑暗路。

唯一的選擇就是脫離新聞圈。

只要自己不當記者，就對黑二代失去利用價值。

他辭職離開報社，開始不接黑二代的電話。

回想自己當初進報社當記者的初衷，是對於寫作的熱愛，因此，他決定重新進入校園，找回自己熱愛寫作的心情。

終於來到唸歌仔冊活動的那一天，台文所邀請了國寶級的唸歌仙阿海來到學校演講兼表演。

學生們很期待，阿海也沒讓學生們失望。

阿海詳細地介紹唸歌仔冊的由來，包括江湖調、七字仔調、狀元樓、南光調、思想枝、平埔調

等等。

同時，阿海仔自己也會創作新的唸歌仔給大家聽。

正當嘉祥自己聽到津津有味的時候，他發現隔壁的思穎臉色發青，甚至有點發抖。

嘉祥用 Line 發訊息給思穎，問她，「你身體不舒服嗎？」

思穎回訊息說，「不是。」

嘉祥沒有再多問，但是他覺得思穎的臉色從頭到尾都怪怪的。

嘉祥與思穎被分配到同一組，兩人要一起完成田野調查，任務便是在保生大帝文化祭的時候，去採訪民俗表演活動，採訪對象正是阿海仔。

阿海仔在學校表演結束後，當過記者的嘉祥馬上跟他約好了時間，要去阿海的工作室進行採訪。

聽到這個，思穎的臉色馬上大變，甚至嚇出一身冷汗。

嘉祥邀他去附近的咖啡館坐坐，先是閒話了一些家常，嘉祥把自己擔任記者的各種經歷說了一遍，講到精采處也逗得思穎哈哈大笑。

然後，嘉祥終於步入正題，問思穎剛剛發生什麼事。

思穎玩弄著手指頭，低著頭說，「我剛剛看到

不該看到的東西。」

　　嘉祥還是很疑惑，問說「是什麼東西？」

　　思穎吞吞吐吐地說，「是一個女鬼！」

　　聽到這個，連跑過社會新聞，一天到晚看到屍體的嘉祥也感覺有點意外。

　　他問思穎，「你是怎麼看到的？」

　　原來思穎自小便有靈異體質，容易看到「不該看到的東西」。

　　這些「不該看到的東西」發現思穎能夠看到他們，有時候還會向她求助，讓她更害怕。慢慢長大後，她才發現這些「不該看到的東西」可能對她沒有惡意，只是這已經是前兩年的事情，直到二十歲後，她才慢慢克服恐懼，去了解他們的需求，但是，思穎發現，大部分的時候，她都幫不上忙，只能安慰他們。

　　那天，她看到唸歌仙阿海仔旁邊，就站著一個「不該看到的東西」，那個「不該看到的東西」似乎也發現了思穎，但是她並沒有向思穎求助。

　　正是因為這樣，原本很期待唸歌仔仙的思穎，當場就出現了很奇怪的反應及表情，直到阿海仔離開。

　　「這下子怎麼辦呢？」嘉祥心想，自己看不見

就算了，雖然覺得有點毛毛的。但是思穎這樣怎麼去採訪呢？

吳天樂後來經常遇到那名女鬼，知道伊叫做崔英。

崔英來找伊的理由很簡單，就是要聽伊彈月琴、唱勸世歌，既然如此，對方也不會相害，吳天樂感覺比較放心，就當做女鬼不存在，反正伊本來就是孤單一個人，有人作伴也不錯，應該說有鬼作伴也不錯。

嘉祥後來說服思穎，在進行採訪前，先到保生大帝廟參拜，祈求平安，如果到阿海仔的工作室後，「不該看到的東西」對思穎有什麼無理的要求，他們就馬上離開。

前往阿海仔工作室之前，兩人果然先前往保生大帝廟參拜。

阿海仔的工作室就在保生大帝廟不遠處。

一走進工作室，嘉祥馬上先注意到思穎的表情，看她的表情沒有異狀，才開始採訪。採訪相當順利，可能是因為嘉祥以前是記者，採訪工作對他而言真的是駕輕就熟，只是一塊蛋糕而已。

就在採訪即將結束之際，嘉祥發現思穎的表情

開始變得怪異，他知道事情不對了，思穎應該是看見「不該看到的東西」。

思穎臉色發青，渾身發抖。

阿海仔也察覺不對。問她，「查某囝仔，汝是按怎？」

嘉祥連忙回答說，她可能是看到「不該看到的東西」。

阿海仔接著回答，「原來汝看得到。」

嘉祥對於這個回答也感到詫異。

他問阿海仔，你知道有一個「不該看到的東西」嗎？

阿海仔說，「我看不到，但是我知道有。」

阿海仔又說，「我的師父吳天樂有講給我聽過。」

嘉祥問，「他說什麼？」

阿海仔說，「他說，有一個查某跟著這支月琴，伊不會怎樣，汝如果半夜覺得怪怪的，就彈月琴、唱勸世歌就沒事了。」

阿海仔說，「所以伊半暝要睡前，一定要先唱一條勸世歌，然後再去睡。」

「伊的師父吳天樂已經過身十幾年了，過身前將月琴交給伊的時候就有交代，要唱勸世歌的代

誌，伊沒有放忘記，這十幾年來也都沒事。」

阿海仔解釋的時候，思穎的表情逐漸變得比較正常。

嘉祥問，「不該看到的東西」走了嗎？

思穎搖搖頭，「她說，真感謝阿海仔師十幾年來唸歌給她聽。」

這下子，換嘉祥跟阿海仔露出驚惶的表情。

阿海仔問，「伊還有說什麼嗎？」

「她說，她是跟著月琴，不是跟著阿海仔，因為月琴給她很大的安慰。」思穎回答。

阿海仔說，「月琴是師傅的遺物，我不可能放棄。」

嘉祥壯起膽來繼續問，「為什麼月琴給她很大的安慰？」雖然知道阿海仔的工作室裡面有「不該看到的東西」，但是因為自己看不到，所以不會害怕。

「不該看到的東西」似乎聽得到嘉祥的問題，她主動回答。但是她的聲音只有思穎聽得到。

「她說，自己殺死親尪後，被很多人責備，連自己的媽媽都認為她不應該殺夫。只有吳天樂用月琴唸勸世歌安慰她。」

勸恁朋友 著做好 世間暫時來七迌

做好做歹攏有報　天理昭昭毋是無

「這段勸世歌讓她感覺，殺死親尪並沒有不對，因為她的親尪對待她像是畜生一般。她認為這是報應，是天理昭昭。」

嘉祥跟阿海仔聽到這裡，都對她感到同情，反而不會感到害怕。

「不該看到的東西」，也就是殺夫的崔英，慢慢地透過思穎說出自己的故事。聽到後來，連思穎都感覺到同情，而不是害怕。

時間不知不覺過了。

聽完了崔英的故事，嘉祥跟思穎也起身告辭了。

阿海仔送他們離開。

離開工作室，崔英應該不會再跟著他們。

嘉祥問阿海仔會不會將月琴送人，阿海仔說那是師傅的遺物，會繼續留在身邊，並且每天唱勸世歌給崔英聽。

走在路上，嘉祥看到思穎的臉色恢復正常，知道「不該看到的東西」崔英應該沒有跟著他們。

嘉祥問思穎，「要不要把崔英的故事放進田野

調查的報告裡面呢？」

思穎瞪大眼睛，露出苦笑說，「你的意思是要我向大家公開承認我有通靈的能力嗎？」

嘉祥搖搖頭，他知道自己不能這樣做，記者的職業道德是要保護新聞來源。

嘉祥看著滿天的星斗，跟思穎道別後，獨自走在長長的河堤上，他心中另有打算，他打算把崔英的故事寫成小說，而且馬上就回家開始動筆。思畢，他攔下一部計程車，直接趨車返回家中。

涵碧樓傳奇

## 情斷斗六門

斗六太平老街，在清朝時就是一條商業鼎盛的街道，商賈雲集。但是在暗巷內也有宵小之輩存在，假冒官差，趁機打劫路人，引起官府的注意，最終官府不得不加以肅清，並且立石碑以為告誡，石碑現立於斗六太平老街福德宮旁。

話說北港以前稱之為笨港，商業繁榮不下於斗六門，載運樟腦等貨物的小筏甚至可以直通安平，轉運至大型商船，再運至香港及世界各地，為荷蘭等商業帝國創造利潤與商業利益，北港竟是當時台灣重要的貿易港埠。

正因商業繁榮、貿易鼎盛，前後期不同移民的爭奪也日趨白熱化，終至導致漳泉之爭，笨溪（今北港溪）氾濫後，港埠一分為二，笨溪以北為北港，由泉州人掌握，笨溪以南為南港（即今新港），漳州人被驅趕至此定居。漳泉之間存在間隙，也因而演變成為世仇，在有清一朝，民亂不斷，難以平定，成為官府最大的心腹之患，甚至演變成為林爽文事件，攻破彰化縣城及諸羅縣城，成為大時代的寫照。

詩有云：無人拓殖不居功，動輒刀槍奮起戎。

利益均沾天地義，強爭惡奪是歪風。指的就是清朝泉漳粵等不同地區移民之間的武力械鬥爭鬥歪風。

起止紛爭數十年，時停時作互牽連。腥汗血染開疆史，斲喪精英笑失筌。

開拓先祖們立下此種不好的範例，後世子孫當引以為鑑。


笨港街上，商賈雲集。

煙戶七千餘家，郊行林立。

經常有船隻從內地運來布疋、洋酒及雜貨等銷售。

又有芝麻、糖及白豆等出口。

笨港街上，有一名粵東客家張姓移工偕妻女至此，名喚張忍，其妻在煙館幫傭，他自己則在碼頭擔任搬運工，每日所得僅能糊口。其女張莉，年僅六歲，隨母親幫傭，做些洗衣、掃地等清潔打掃工作。

先是父親病倒，無力就醫，最後臥榻身故。

其母悲傷過度，積勞成疾，也隨其辭世。

張女一人孤苦無依，煙館主人乃一漳州人氏，名喚陳武，遂收養張女，改名陳莉，仍在煙館幫傭。

其時，泉州人移民大量湧入笨港，時與漳州人

發生武力衝突，後稱之為分類械鬥。官府亦無力管轄調解，終釀成大禍。

某一夜，幾名泉州人夜闖煙館，將陳武殺害，奪其煙館，主謀者名喚王全，陳莉不敢停留，連夜奔走，往南而去，直至筋疲力盡，方才歇息，所幸仇家已奪煙館，不再尾隨。

陳莉此時已經十歲，感念陳武的養育之恩，心生復仇之意。

走了一天一夜之後，來到一處武館，向武館索討茶水止渴。

武館主人竟為一女流之輩，原係唐山過台灣少林寺阿善師的弟子，名喚劉仙姑，劉仙姑融合少林拳法與太祖拳，自創一套姑娘拳，其中美人梳妝、九美梳妝的手技包括新娘拜手、挽髮照鏡等，充滿陰柔之美。不少女性向其習武，甚至也有男性慕名而來。

陳莉並未改名劉莉，仍喚作陳莉。在武館幫傭，煮飯、洗衣及打掃內外等，均由其包辦。劉仙姑念其勤勉，閒暇之餘，亦教其習武。

沒想到陳莉武術日有精進，而且不喜姑娘拳等陰柔拳路，反而喜好剛猛有勁的其他拳路，劉仙姑遂將其畢生所學，包括太祖猴拳、虎拳、蝶拳、蛇拳及鶴拳等全部傾囊相授。

　　轉眼陳莉芳齡已經十八，不但長得亭亭玉立，且因習武，身材魁梧壯碩，成為劉仙姑的得力助手，但已經到了適婚年齡，所謂女大不中留，原本想要幫他尋覓一個好人家出嫁，但陳莉執意不肯，其實內心仍有尋找仇家復仇的念頭，劉仙姑也莫可奈何，只能隨她去了。

　　姚鴻初任斗六門縣丞。乃道光二十五年至二十八年，其時官吏薪俸極低，不足以養家餬口，但台灣處海外蠻荒之地，窮鄉僻壤，官吏仍視為肥缺的緣故在於官吏得以假借各種名目向民間斂財，榨取民脂民膏，因而致富，但因所行皆不義，所以死於任所或者遭到彈劾的人也大有人在，姚鴻雖僅任三年，卻是一個勤政愛民的好官。

　　最為人稱道的是，立於斗六太平老街的石碑，上面書寫著一道禁令，關於斗六街上的小巷內，最近有歹徒假借幫縣分衙門辦事當差的名義，擄人勒贖行人，已有多人上當受害，含冤莫白，地方仕紳張鐘及張肇基等通報縣分衙。縣丞姚鴻因此發布通令，以後再發生類似情事，地方仕紳可立即自行糾聚民眾拘捕嫌犯，再行送縣分衙處置。

　　這個姚鴻既然濯清吏治，並且通令鄉紳得以自

行拘捕歹徒犯案，自然招惹不少歹徒側目，並且意圖行刺於他，且暫時不表。

　　話說陳莉離開武館北返，來到笨溪北側的北港一帶，造訪舊時居住的煙館，豈料人去樓空，該處已改為販賣舶來品的商行，而仇家王全等早已不知蹤影，據鄰居表示，王全將煙館變賣給郊行後，得了不少銀兩，遂往東遷往斗六堡居住，同時利用巨資購買田產，當起地主，將土地租給承租戶經營農業，自己坐收租金，日子倒也過得快活。

　　陳莉一路從北港尋路到斗六堡，又過了半個月，當初離家時劉仙姑給的盤纏已經快用盡了。正好到達斗六堡，休息片刻後，打算夜探王全宅邸，再做打算。

　　三更時分，他一身夜行裝打扮，翻牆進入王全宅邸，王全此時已是地主，宅邸格局頗大，乃一四合院建築，中間為接待賓客的客廳，兩旁護龍為廂房，陳莉見一廂房燈火通明，乃趨近一探究竟，見王全手摟一女子，女子半裸著上半身，正在與王全嬉戲調情，兩人跟前乃一圓桌，擺滿酒菜，飲食相當豪奢。

　　陳莉突然闖入，先是將女子擊昏，再將刀架在王全脖子，王全家雖有護院，但平日無事，均已就

寢，加上知道主人夜半狎妓玩樂，也不需要陪同，都很放心各自回寢室就寢，沒想到來了這位不速之客。

王全以為來者是為了劫財，示意抽屜內有些銀兩，可以取完便走。

豈料陳莉取走銀兩後，仍不罷休，王全開始起疑。

陳莉將王全及女子雙手反綁並綁在一起，並在兩人口中塞入布疋，問王全知不知道自己是何人？

王全搖頭稱不知。

陳莉內心激憤，脫口大罵，「哪你還記得北港陳家煙館遭你滅門的慘案嗎？」

說完王全面露驚惶，亟欲脫逃，奈何雙手被綁，無法脫身。

此時護院已被嘈雜之聲吵醒，陳莉見事跡敗露，對著王全胸口猛刺一刀，轉身離去，並將銀兩帶走，翻牆而出。

護院趕至時，陳莉已遠走。

眾人將王全及女子鬆綁，並探視王全傷勢，傷口雖流血但已被止住，且性命無憂。

一名護院清晨時前往縣分衙告狀，稱有一女子前來王全宅邸尋仇。

縣分衙主持官吏正是姚鴻。

　　姚鴻聽明案情後，立即指派幾名兵役前往追捕。

　　陳莉並未走遠，他向旁人打聽王全傷勢，獲知王全尚在人世，只是受傷，決定再次行刺，欲置之於死地。

　　但王全宅邸早有防備。

　　隔兩天，陳莉再度夜探王府，被埋伏的兵役與護院圍捕，雖然打傷數人，但仍被捕獲。陳莉武功高強，原本數人均不是對手，但她無意殺害護院，也不敢打傷官差，打鬥間綁手綁腳，眾人見她有所猶豫，一哄而上，結果雙拳難敵四掌，只能束手就擒。

　　陳莉雖為女兒身，卻做男兒打扮，頭上薙髮，並結成辮子，面貌雖清秀，但因身手矯健，所以被誤認為是男兒。

　　眾人將陳莉綁到縣分衙，姚鴻開始審理此案，見陳莉堅不吐實，原本想要動刑。但見陳莉面貌有異，又不能公開審問。著手下先將陳莉押入牢房，聽候處置。

　　姚鴻夜探牢房，先將眾人支開，獨自審問陳莉，他問陳莉一介女流，為何幹著殺人劫財的勾當。

　　陳莉發現自己的身分被識破，心裡為之一驚，

見姚鴻相貌方正，為官風評也不差，決定吐實，遂將王全殺害養父、霸佔煙館，自己流落在外，習得武藝，最後決定尋仇的過程，一五一十告知。

姚鴻聽完，心裡已經有了打算。

他先是派人到北港將昔日陳莉的鄰居傳喚作證。

接著等待王全傷勢好轉後，將王全邀約至縣分衙參與審理此案，王全不疑有他。因為這段時間，陳莉都被囚禁在縣分衙牢房內。

終於等到縣分衙公開審理的日子，王全著錦衣華服至縣分衙聽審。

姚鴻則吩咐兵役將陳莉押到縣分衙候審。

陳莉看起來雖然清瘦憔悴，但已經早有準備，她的供詞非常犀利，指控王全殺父奪產，才會引發她復仇的殺機。王全自是不敢承認，並辯稱陳莉只是一個企圖劫財的盜匪，事跡敗露後，被護院圍困，才殺害主人王全藉機逃脫。

雙方你來我往，各說各話，清官難斷。

所幸北港故里舊人，將當年泉州人入笨港，王全夥同數人佔據煙館，殺害主人，逼走幼女的故事加以證實，王全才百口莫辯，因為護院早已被支開，無人可以營救，只好乖乖就擒，被押入牢房。

陳莉雖然為報父仇而殺人，其情可憫，但仍需

受罰。判其服刑兩年，但因武藝高強，罰其在縣分衙協助兵役們緝捕要犯，從此，衙門的兵役就多了一名武功高強的助手。

故事到此並未結束。

王全的義兄李漢乃當年一起劫掠煙館的共犯，但他將所得銀兩攜往諸羅縣經商，專門出售鹿肉、樟腦到安平轉乘海運至國外販售，因此經商致富。他得聞舊案復發，自己可能難脫干係，並且要為王全抱不平，因為泉州入侵笨港時，打家劫舍的不只他們二人，為何獨獨王全受到官府緝捕關押。

他糾集一幫昔日的同夥，率眾親自夜襲斗六堡縣分衙。

斗六堡縣分衙雖然有兵役駐守，但稱不上門禁森嚴，尤其是夜晚時分，只有兩名兵役巡守，極易遭遇敵人攻擊及入侵，何況李漢所率一群人約有二十餘人，兵役們根本抵擋不住。

李漢率眾殺入縣分衙時，大家均已熟睡，偷襲算是相當成功。

姚鴻立即起身，但他不會武功，只能坐以待斃，情急之下，躲在床鋪下面避難。

陳莉攜帶兵刃，直入庭院抵擋，兵役與來犯者

早已廝殺起來，兵役雖有兵器，但人數上沒有優勢，盜匪人數眾多，形成圍攻的趨勢，兵役們漸趨下風。

陳莉加入戰局，扭轉了整個局面。

只見她左衝右突，右手持刀，左手化拳，立即將兩名盜匪擊倒在地，盜匪立即遭兵役鎖拿綑綁，其餘匪眾見局勢不利，開始四處竄逃。

其中一名闖入姚鴻臥室，見姚鴻躲藏在床下，立即舉刀刺向姚鴻，意圖挾持姚鴻，還好陳莉救駕，姚鴻雖不慎被刺傷小腿，但並無大礙。

倒是陳莉進攻挾持姚鴻的匪徒時，突遭後方一名匪徒偷襲，砍向其後背，傷勢較為嚴重。陳莉倒地時，幸賴巡檢廖力將匪徒擊退，匪徒立即往庭院撤退，並且開始往院外四散逃竄。

但李漢趁著縣分衙庭院大亂之際，早已率眾將王全救出，一行人中有兩名匪徒被捕，李漢自知難逃官府追緝，遂向龍過脈方向逃竄，並早已預謀佔山為王，立下營寨，打劫來往商賈及行人，與真正匪徒無異。

縣分衙清點傷勢及損失，縣丞姚鴻僅左小腿輕傷，另有兩名兵役重傷，其他人均為打鬥中受輕傷，自行敷藥後並無大礙。陳莉則因後背流血過多，陷入昏迷，延請大夫醫治後並無生命危險，陳

莉因擊退盜匪有功，姚鴻奏請道台准免服勞役一年，沒多久勞役期滿，但仍繼續在縣分衙擔任兵役，並協助訓練，擔任教頭。

除了陳莉之外，巡檢廖力在緊要關頭，解救了縣丞姚鴻，同時讓姚莉免於受到盜匪擊殺，功不可沒，也奏請記功一次。

廖力來自於西螺堡，此地曾發生過三姓大械鬥。

其中李姓與鍾姓為姻親，分布於新店一帶，掌控商業區「頂店」，廖姓則居住於七崁附近，掌控商業區為「下店」。

這兩大宗派在迎神賽會上經常互相較勁，早已累積了不少宿怨。加上「頂店」與「下店」井水不犯河水，可是商賈買賣總有糾紛，跟「頂店」買貴了，自然找「下店」買，同樣的，如果「頂店」比較便宜，大家自然往「頂店」去，生意上的競爭也是難免，久而久之，仇上加仇，仇恨越來越深，加上西螺地區幾乎人人習武，連女子也有習武之人，只要互相看不順眼，馬上拳打腳踢，比劃較量武功高下，是經常有的事，慢慢就會發展成為小型械鬥，以致於最後不可收拾。

有一日，李姓頭人的兒子李龍飛故意騎著自家的白馬去廖姓頭人家的菜園踐踏洩恨，被廖姓頭人

的兒子廖火旺發現，驅趕李龍飛及他所騎乘的白馬，廖火旺用棍棒驅趕過程，李龍飛不但不願意離開，還企圖騎白馬衝撞廖火旺，廖火旺憤怒之下，用棍棒打斷了白馬的腿，白馬受傷以致於最後死亡，導致事情越演越烈。

　　李龍飛家要求廖家賠償白馬死亡的損失，廖家則要求先道歉再賠償菜園的損失，雙方一言不合，就開始大打出手，隨即號召宗親，組織鄉里，並且籌集許多棍棒刀械，一見對方的人就砍殺，導致兩邊的人馬互有傷亡，從此結下世仇。

　　這場無止境的鬥毆維持了兩年左右，李姓頭人之子李龍飛與廖姓頭人之子廖火旺都被對方所擊殺，鍾姓頭人在一場戰役中死亡，官府覺得事態已經嚴重失控，決定介入，將李姓頭人與廖姓頭人逮捕並且處死，李鍾二姓遭集體強制遷村。

　　廖力便是出生於這樣混亂的時局，因為從小看到長輩們無止盡的鬥毆，心生厭倦，他從小就決定要投身於官府，維持地方的秩序，避免鬥毆殺戮橫行鄉里。

　　他十六歲那年投入官府的行列，擔任兵役，歷經八年的時光，由於表現出色，被拔擢為巡檢，派任斗六門縣分衙，襄助縣丞姚鴻維護治安，肅清盜匪。

陳莉長得細皮嫩肉，但除了姚鴻之外，沒有人知道其乃女兒身。

昏迷期間，姚鴻唯恐事跡敗露，他人欺辱，都親飼湯藥，照顧得無微不至。其他兵役不知其隱情，都以為姚鴻如此體恤下屬，深自感佩，姚鴻也不願說破。

數日後，陳莉醒來，知道姚鴻的悉心照顧，方使其復原。並且未揭露其為女兒身，乃護衛其清白，內心感動不已，早已暗暗自許終身。奈何姚鴻意在報答陳莉救命之恩，且可憐其身世，因此陳莉臥榻之時，雖有身體親近，但從未造次，且對於陳莉的意圖獻身，佯裝不知，直到其完全康復，兩人都呈現此種迷離的狀態，正所以「落花有意、流水無情」。

李漢等人糾眾意圖殺害官吏，並在龍過脈附近山區立下營寨，搶劫商賈路人等惡行劣跡，早已驚動官府，縣丞姚鴻奏請道憲、府憲發兵圍剿，不久台灣總兵發兵兩百人，協助縣分徛剿滅匪徒，由姚鴻統率。

姚鴻兵分三路，一路由巡檢廖力率領，溯濁水溪至清水溪口，由後方包抄龍過脈，另外一路由陳

莉率領，循大埔溪上游往龍過脈挺進，姚鴻自率主力駐守在山下正面迎敵，守株待兔。

首先由廖力發動攻勢，從後方突擊，匪徒果然中計，因為往北渡溪不易，恐怕會遭緝捕，一行人往南逃竄，遭陳莉設下陷阱，率人截捕，匪徒誤入陷阱，損失慘重，餘眾加速流竄，往山下奔逃，沒想到姚鴻在各交通要衝佈下陷阱，餘眾紛紛中了圈套，或被網住，或入土坑，或者被赤足被尖竹所刺，已無力反抗，共捕獲匪徒二十三名，為首的李漢、王全奏請處死，其餘匪徒則發配入監服刑。

此役姚鴻大獲全勝，並居首功，擢升三等，並記大功。

事成後，在斗六門縣分衙舉辦慶功宴，眾人紛紛稱頌，指姚鴻公正廉明，並且指揮有度，且由各民眾捐款剿匪，籌募資金，並設鄉里聯防，用鑼聲互傳聲響警惕，達到即時傳遞情報的效果。

姚鴻席間未見陳莉，甚為詫異。

宴席散了，獨自前往尋覓。

只見陳莉在房內獨坐案前，似乎悶悶不樂。

姚鴻直驅房內，並不避諱。

陳莉面對梳妝台，逕自流淚，姚鴻更感詫異。

姚鴻不禁詢問何故？

陳莉直言，姚鴻即將高升，不知今生何時才能

相見。

姚鴻聽此言，已知陳莉動了真情，心裡覺得再不言明，恐傷陳莉的心。

但暗自忖度，若言明則又令其傷心，不如謊稱自己有斷袖之癖。

姚鴻遂告知陳莉，自己性喜男色，如巡檢廖力之流，生平不近女色。

如此，反令陳莉愣在當場，不再言語。

姚鴻起心動念，若陳莉如此顧念舊情，不如結拜為兄妹，陳莉改姓為姚，此後稱為姚莉，姚鴻保薦其為巡檢，日後繼續為民除害，保鄉衛里。

陳莉雖然對於男女之情暫不能解，只能依從，兩人遂至廟前焚香祭拜，昭告天地，結為兄妹，陳莉自此改姓為姚，稱姚莉，協助縣分偵緝捕要犯，兩人並誓言天涯海角，兩不相忘。

焚香祭畢，即以兄妹相稱。

隔日，由姚鴻向眾人說明，姚莉本為其遠房親戚，兩人已經相認。眾人不疑有他，倒是對於其為女兒身，大感驚奇。

巡檢廖力獲知其為女兒身後，頓生愛慕之情，日後經常邀約練武比試，並終成眷屬。

姚莉在斗六門曾繼任縣丞，在夫婿廖力輔佐

下，治績不菲，亦為人稱頌。

姚鴻、姚莉先後曾任縣丞，治績並列，也是斗六門歷史上的一段佳話。

姚鴻日後兩度擔任台灣縣知縣，並以此聞名，其在斗六門的貢獻，倒是少人提及，只有地方人士知情，應該予以表彰。

青山蒼蒼，白雲茫茫，所謂伊人，咫尺天涯。

姚莉的心中，永遠惦記著這位兄長。

而姚鴻謊稱斷袖之癖，只是怕辜負了姚莉的盛情，古來薄情男子多如浮雲，但重情重義者，幾希。

## 冰箱裡的奶奶

小玉望著奶奶，但是奶奶一動也不動。
「奶奶！」她叫。
你會冷嗎？
奶奶沒有回答。

淑文是國中的國文老師，同時也是非常負責盡職的導師。

被她帶過的班級，通常都井然有序。

二年禮班也不例外，經常得到整潔及秩序比賽優良的獎勵。

除了自己班級之外，她還兼兩個班級的國文課，分別是二年信班以及一年忠班。

這個學校的編班跟全島其他學校很像，分別是四維加八德，禮義廉恥加忠孝仁愛信義和平。

這一天的作文課，淑文考慮到一年忠班的學生剛升上國一，不希望給他們太難的題目，因此，作文題目是「我的家庭」，應該很好發揮吧！她覺得。

學生們還是各有不同的表情與姿態，有的若有

所思，有的搖頭晃腦，有的振筆疾書，有的趴在桌上睡著了。

淑文忍不住走過去，敲敲睡著學生的桌面，示意她該醒來寫作文了。

醒來的學生稚嫩的臉龐，惺忪的雙眼剛剛睜開，看著淑文，一付不解的表情。

淑文想想，面對國一新生，最好要有點耐心。

她微笑著對這個學生說，「該起床囉！不然你的作文會寫不完噢！」

說完她指著黑板上的題目「我的家庭」，向這個學生表明今天的作文題目。

這名學生看著黑板，露出一知半解的表情。

淑文好聲好氣地再度說明，「如果有看不懂的，可以舉手請教老師。」

沒想到眼前這名學生突然舉手了！

淑文示意她可以提問。

「老師，奶奶為何要住在冰箱裡面？」她問。

淑文直覺這名學生可能是在開玩笑。

因為現在課堂上喜歡開老師玩笑的學生太多了！

淑文笑著說，「那是因為奶奶覺得外面太熱了！」

這名學生點點頭，一付終於搞懂的表情，接著

便開始寫起作文。

淑文看她不再惡作劇，也就不以為意。只是覺得對於這個學生要小心提防她下次再度惡作劇。

淑文走進導師辦公室。

她忍不住跑去找一年忠班的導師慶生抱怨。

她說，「你們班上有學生在作文課上亂開玩笑！」

慶生問，「那個學生開了什麼玩笑？」

淑文說，「她問我奶奶為何住在冰箱裡面？」

慶生是教理化的，可能因為是男生的關係，腦筋比較大條。

他跟淑文說，「我知道了，這個問題跟如何把大象放進冰箱裡面是一樣的。」

淑文聽了有點疑惑，面無表情地看著慶生。

慶生說，「這個問題是這樣的，冰箱裡面有一隻長頸鹿，小明想要把大象放進冰箱裡面，請問怎麼做呢？」

淑文依然不解，而且感到更加疑惑。

慶生笑著說，「答案很簡單，你只要把冰箱的門打開，把長頸鹿拿出來，把大象放進去，再把冰箱的門關起來，這樣就可以了。」

淑文聽到慶生的解釋有點失望，她看見慶生還

在對著她微笑，心裡突然覺得很無言，只好默默地回到自己的座位。

淑文想，「這個導師到底有沒有搞清楚狀況！」

小玉一邊做功課，一邊無法忘記奶奶，不知道奶奶是不是身體不舒服？

她每做完一個段落，就要去看奶奶一下，但奶奶還是不理她，讓她很是沮喪。

因為奶奶一向都是最疼她的，自從奶奶住進冰箱之後，就跟冰箱裡面的冷凍庫一樣，摸起來永遠都是冷冷的，沒有什麼感情。

她有時候忍不住去問爸爸，奶奶怎麼啦？爸爸要不是不想理她，就是給她一樣的答案，「奶奶睡著了，不要去吵她。」

小玉只好又回去做功課，做功課做到一半，她就忍不住趴在桌上哭。

自從媽媽去世後，就只有奶奶對她好，爸爸常常不在家，她感受不到爸爸的關心。

小玉的爸爸並沒有閒著，為了維持家計，他從早到晚都在做資源回收，但資源回收收入有限，還是無法滿足家裡的開銷，

　　淑文是個認真的老師。

　　雖然她不是一年忠班的導師，但是對於自己國文課的學生，她還是一樣關心，當然她也不希望學生老是在課堂上提出奇怪的問題，會讓她感覺受到學生的霸凌，現在學生霸凌老師的情況越來越嚴重了。

　　向導師反映沒有結果，應該是說導師慶生的回答太為戲謔了！讓她感覺很無言。

　　她轉而向輔導主任怡仁求助。

　　那一天，她剛好為了自己班上的學生去找輔導主任，順便問起了一年忠班的情況。

　　「你是說那一個學生呢？」怡仁問。

　　我記得她叫做陳家玉。

　　「這個孩子是有點麻煩，但是..」，怡仁有點欲言又止，她怕自己洩漏了個資，畢竟淑文不是一年忠班的導師。

　　不過，想到一年忠班導師對於學生的問題不太關心，既然國文老師注意到了，找國文老師討論應該也無不可。

　　「這個學生有學習障礙，確實會讓人比較費心。」怡仁善意地提醒。

　　「然後，她家裡領有中低收入戶生活補助，家裡靠父親做資源回收維生。」

　　說著不免抱怨導師還沒有幫這個學生請領清寒補助。

　　「母親早逝，好像從小由奶奶帶大的。」怡仁一邊回憶看過的輔導紀錄，一邊透露一些訊息給淑文知道。

　　「總之，這個學生品行應該不壞，只是學習能力比較差。」怡仁簡單的下了結論。

　　淑文點點頭，但內心還是有點疑惑。只是這些疑惑感覺並不是國文老師的職責，所以她覺得不好意思再麻煩輔導主任，畢竟輔導主任也很忙。接著，她就把話題結束。跟輔導主任討論班上學生抽電子菸的懲戒及輔導。

　　為了確認一下輔導主任所說的學習障礙的嚴重程度，淑文結束討論後，便回到導師辦公室內自己的座位。開始翻閱學生的作文，特別把陳家玉的作文抽出來看了一遍。

　　奶奶不知道是不是在生我的氣？

　　我很乖阿！每天都有按時做功課。

　　可是我做完功課去找她，她還是不理我。

　　淑文想，「奶奶是不是生病了？」

　　但是家訪是導師的責任，她沒有資格越俎代庖。

　　她接著看了下去。

自從奶奶搬進冰箱裡面，她就變得不愛理人。

以前奶奶還會抱著我睡覺。

現在我只能一個人抱著棉被睡覺了。

淑文看到這裡，忍不住笑了！就是個孩子。

她不再覺得這個學生是故意惡作劇，找老師麻煩。倒是開始注意起學習障礙的學生要如何教導的問題。她決定以後要多用一點心思在這個孩子身上。

此外，這個孩子在作文中一再描述奶奶搬到冰箱裡面，是因為奶奶的房間冷氣太冷了嗎？是不是奶奶臥病在床呢？還是奶奶其實已經躺在太平間裡面呢？

由於導師慶生遲遲沒有進行家訪，淑文也不方便干涉太多。輔導主任只負責學生在學校的輔導，至於學生的家庭問題，輔導主任是不便過問的。

淑文決定借助學姊永馨的力量來幫忙了解這個學生的家庭狀況。

淑文原本在大學念的是社會系，並且輔修教育系，因為教育學分早已在學校修滿，並且順利通過教師甄試，到這所鄉下的國中擔任代課老師，沒多久，因為學校的老師退休，他才正式成為學校的教師。

　　永馨是淑文的學姊，畢業後順利考上社工師，剛好在縣府社會局擔任社工員。淑文請永馨幫忙去做一次家訪，了解一下陳家玉的家庭狀況。

　　永馨請示了社工督導後，就安排了一次家庭訪視。

　　由於家玉白天去上學了，所以，永馨訪視的時候只有家玉的爸爸在家。

　　家玉的爸爸反應有點遲鈍。

　　他的話不多，但是，永馨的問題他都會回答，只是答案都很簡單。家庭訪視的過程就以簡單的一問一答的方式完成了。

　　永馨透過社會局的檔案發現這個名叫陳家玉的學生，她的家庭是中低收入戶，父親是中度智障，領有身心障礙者生活補助。母親六年前就去世了，祖母還健在，領有中低收入戶老人生活津貼，父親以資源回收為業。是社會局早就列管的一個家庭。

　　永馨訪視完後，當天下午就把家玉的家庭狀況及訪視情形以 Email 告知淑文。當天晚上，永馨又打電話給淑文，把訪視的情形再詳細說了一遍。

　　淑文還特別問到家玉的奶奶，永馨在家玉的家裡並沒有看到奶奶，家玉的爸爸說「她身體不好，去醫院看醫生了。」淑文就沒有再多問了。

　　一年忠班沒多久竟傳出同學考試作弊的情形，

這群考試作弊的學生裡面，有兩個是平常就喜歡化妝打扮，整天想著要交男朋友的閨蜜，還有一個家在偏遠地區，因此必須住校的原住民，此外還有兩個學習成績比較差的學生，最後一個竟然就是有學習障礙的陳家玉。

導師接到同學的檢舉，立刻展開調查，結果調查屬實。

其中最重要的證據便是陳家玉承認自己作弊，但是陳家玉在作弊時竟然還填錯答案卷，由於題號沒有對上，結果她是唯一一個作弊後成績仍然沒有進步反而退步的學生，因為這個事件在班級裡面被少數學生霸凌。

霸凌她的同學當然主要是因為她承認作弊而導致東窗事發的那些作弊同學，她們不斷恥笑她連作弊都不會，其他同學因為討厭作弊這件事，竟然沒有人聲援陳家玉，導致她在班上孤立無援。

隔天她就請假，沒有來上課。而且持續了一個禮拜都是請假。

淑文知道這件事情之後，跟導師慶生建議是否應該進行家庭訪視。

沒想到導師竟然回答，作弊就應該被記過，已經通知家長，家長也沒意見，沒有必要再做家庭訪視。

淑文聽完有點氣憤，如果是她自己的話，應該會立刻安排時間去做學生的家庭訪視。對於一年忠班的導師如此漠視學生的家庭狀況，感到不解。

淑文的老公回到家後，她忍不住跟老公抱怨這件事情。

淑文的老公是她大學的學長，跟她一樣是念社會系出身的。

他詢問淑文，「為何堅持要去做家庭訪視呢？」

淑文把家玉的家庭狀況大略跟老公描述了一遍。

老公不禁長嘆了一口氣。

雖然淑文的老公並沒有投入社會工作的行列，但是他長期以來都在做社會問題的研究，目前在大學任教。他從這件事情裡面感覺到有些異常。

你不是導師，不能前往學生的家庭做訪問，是嗎？

淑文點點頭。

導師不願意去，那麼還有誰可以去做家庭訪視呢？

淑文跟老公不約而同想到在社會局工作的永馨，永馨是淑文的學姊，其實就是她老公的同學。

　　小玉睡一睡，還是不放心奶奶，雖然奶奶已經很久沒有理她了。

　　她抱著她的小棉被，往客廳走，小玉的家不大，客廳跟廚房基本上是連在一起的，自從奶奶住進冰箱裡面之後，家裡便不曾開伙，爸爸會去買早餐，然後午餐吃學校的營養午餐，晚餐通常都是爸爸帶便當回來。

　　家裡的廚房感覺已經蒙上了一層灰塵，鍋碗瓢盆散落四處，有的在洗碗槽裡，有的在水桶裡面，有的直接擺在流理台上，也有的直接放在地上，整個廚房，只有筷子是乾淨的，因為老師有宣導盡量不要用免洗筷，所以小玉會隨身攜帶環保筷子，回到家就用家裡的竹筷子。

　　在客廳通往廚房通道的一角，擺著兩台冰箱，一台新的，一台舊的，對於這樣貧苦的家庭而言，兩台冰箱似乎有點過於奢侈。

　　新冰箱裡面有兩排雞蛋、不知道有沒有過期的肉類，一些看起來有點枯萎的蔬菜，還有一些過期的食物。小玉打開了舊冰箱，奶奶則在舊冰箱裡面。

　　小玉把小棉被塞進舊冰箱裡面，因為她怕奶奶會冷，上次她問國文老師，國文老師告訴她奶奶可能是怕熱才躲進冰箱，但是她想到冰箱裡面那麼

冷，奶奶待久了應該會冷吧！所以她決定要把小棉被給奶奶蓋，她好不容易將小棉被整個塞進舊冰箱裡面，才放心地去睡覺。

　　隔了一個禮拜後，小玉回到了學校上課，看起來一切都很正常。

　　沒想到，過了一段時間，國文小老師突然來跟淑文報告。

　　國文小老師跟淑文陳述的內容，最驚訝地是陳家玉竟然參與了其中。

　　一年忠班的導師規定，除了導師開設的 LINE 群組之外，其他同學不得自行開設以班級為單位的群組。

　　沒想到作弊事件發生後，帶頭作弊的同學竟然假借班上聚餐的名義申請了一個群組，並且邀請了所有同學加入。班上的幹部們也都參加了，這件事情導師並不知情。

　　最重要的是作弊的同學公然在群組裡面批評導師處置不公，而因為作弊事件慘遭霸凌的陳家玉竟然也加入了譴責導師的行列，她批評導師對她差別待遇，因為她學業成績不好，導師一直勸說她轉校，以免影響班級的平均成績。

　　陳家玉批評導師差別待遇的理由，乍聽起來是

成立的，但是在學生私自設立的群組裡面背地批評導師，看起來更像是呼應其他作弊學生批評導師處置不當的攻擊行動。

「莫非她希望得到這些作弊學生的認同，避免受到排擠嗎？」淑文想。

由於群組裡面的發言涉及到以言論攻擊導師，這件事情在學校裡面是相當嚴重的，淑文只是國文老師，她覺得自己不應該介入，因此要求國文小老師向導師報告，自己則佯裝不知情，以免導師慶生感覺到尷尬。

果然導師知情後，勃然大怒，除了原先的處分之外，又有新的獎懲。

陳家玉因為這樣的事件，總共已經被記了兩支大過。

事態變得相當嚴重！

但是導師仍然沒有打算去進行家庭訪視。

導師將陳家玉視同其他作弊學生一樣，都是破壞校規且不認真努力的壞學生，只有施加懲戒一途。

但是，淑文並不這樣想。

她隱隱約約感覺陳家玉的家庭有些問題存在，但一時之間也理不出頭緒。

除了經濟拮据之外，家庭教育是個盲點，因為

母親去世了，而父親又是智能不足，只有祖母能夠教育小孩，但祖母是明顯的隔代教養。況且，祖母的狀況不明，是不是長期臥病在床呢？感覺陳家玉與祖母的關係相當親近，但祖母能否提供應有的家庭教育給家玉呢？

這些問題一直在淑文的腦海中盤旋。

接下來的國文課，她主動派遣一些工作給陳家玉幫忙，藉由勞動服務來幫助她消過，她似乎感受得到淑文對她的善意，看見淑文時會露出難得的笑容。

淑文決定請學姊永馨再度安排一個時間前往進行家庭訪視。

而且這一次淑文將陪同永馨前往。

永馨向社會局的社工督導請示是否可以前往進行家庭訪視。

社工督導認為沒有必要，因為這個個案的家庭狀況雖然經濟拮据，但是在社會局的各項補助提供支援之下，已經可以維持家庭生活。如果是小孩的教育出現問題，應該由學校的老師負責家庭訪視才對。

永馨聽完督導的理由後不敢再堅持。

淑文只好拜託學姊永馨在下班後一同前往進行家庭訪視。

雖然這樣的方式不合程序，但永馨還是答應了淑文的私下請託。

她們相約周末的下午前往。

兩人在附近停好車之後，往陳家玉的家走來。

她的家位在一個小鎮的邊緣。

一座非常破舊的磚造房子，黑灰色的屋瓦有些已經破裂，可能因為會漏雨，破裂的屋瓦上面蓋了塑膠片。屋頂邊靠牆處已有藤蔓爬到屋頂，往橫向蔓延。

牆面只有半面是磚造，牆壁中間以竹筒做為支撐，上半面的牆是泥土混和米糠的牆面，表面塗抹著石灰。石灰有些脫落，露出裡面用竹片編織的內在構造，手法雖然細膩，但已經不起歲月的摧殘與磨難。

一進門便是客廳，中間擺著神案與供桌，供奉著觀世音菩薩與天上聖母，地板雖是水泥，但看起來黝黑而又光滑，應該是長期使用並未清理，汙垢殘存後又被打亮的結果。

客廳的右手邊是父親的臥室，左手邊的是小玉與祖母的臥室。

連接著客廳的則是後面的廚房，廚房的光線有點昏暗，即便是白天也不覺得亮。廚房旁邊便是衛浴設備，跟廚房的亮度一樣，如果外面是白晝，那

麼房子的後棟感覺像黑夜。

　　屋前有一處庭院，擺滿了資源回收的各式各樣物品，有一綑綑的紙張、紙盒及舊書報紙雜誌等，另外一處是各式各樣的玻璃瓶，還有一處是擺滿了空罐頭、馬口鐵、鋁罐、鐵罐等，最後一處是各式各樣的寶特瓶，整個庭院是琳瑯滿目，看似雜亂無章，但仔細一看卻有其紋理，兩人不敢打亂庭院的這些「收藏」，躡手躡腳地從縫隙間穿行而過。

　　兩人此次不是社會局正式的拜訪，也不是學校導師的家訪，說起來有點名不正、言不順。但是小玉的父親在電話中並沒有拒絕，也聽不出來有不愉快的意思。永馨打完電話後向淑文描述，所以他們還是決定照原計畫進行。

　　或許是有點心虛，一方面也是希望師出有名，淑文帶了一盒蛋黃酥當做伴手禮，永馨則帶了一盒蓮霧。

　　小玉很有禮貌地在門口迎接，但是父親坐在客廳的長椅上，並沒有多說什麼，從他的臉上也看不出情緒，這下子倒讓淑文跟永馨覺得有點尷尬，兩個人忙著找話題。

　　這座磚造房子位於田中央，離馬路有段距離，旁邊有菜園，感覺有點荒廢。

　　淑文問說，「你們自己種菜阿？」

嗯，是奶奶種的。

淑文點點頭，「自己種菜自己吃，很健康。」

接著她問說，「怎麼沒有看見奶奶呢？」

小玉的爸爸沒有答腔。

「奶奶在冰箱裡面。」小玉答。

淑文想到小玉的誠實，連作弊都會自己承認的誠實，不禁開始聯想到奶奶是否真的藏在冰箱裡面呢？

望著客廳通往廚房的通道上，確實擺放著兩台冰箱。

一台冰箱是舊的，另一台看起來比較新。

淑文想要開啟冰箱的門，一探究竟。

但是想到自己是登門拜訪作客，而且沒有經過社會局正常的程序，也不是小玉班級的導師進行家庭訪問，不禁望而卻步。

永馨學姊此時正忙著找話題跟小玉的爸爸聊天，小玉的爸爸如同以往一樣，保持沉默，並且面無表情。

永馨並不知道淑文想要打開冰箱，一探究竟的衝動。

這應該是屬於小玉跟淑文之間的小秘密。

所以，永馨當然也不會想到要阻止淑文去做這件事。

就在淑文往前跨了兩步，準備要去開啟冰箱的時候。

小玉搶先一步，打開了新冰箱，拿出兩罐易開罐的可樂請淑文跟永馨喝。

在淑文試圖去開啟冰箱門的當下，她發現原本面無表情的小玉她爸，竟然轉過頭來，看了她一眼。

淑文接過了可樂，但沒有打開。

小玉則走過去，將另外一罐遞給永馨。

由於是下午，天氣確實有點燥熱。

不知道是否是因為燥熱的關係，加上廚房長期缺乏整理，庭院又堆滿了各式各樣的資源回收物。

淑文開始聞到一股腐朽的味道。

淑文把目光轉向靠近廚房，被放置在陰暗的角落，另外一台舊冰箱。

此時，空氣中瀰漫著一股奇異的氣氛。

永馨仍然忙著找話題跟小玉的爸聊天，問他資源回收的來源有那些？如何處理這些資源回收品？要販售給那些人？價錢合不合理？公不公道？

小玉的爸目光仍停留在淑文身上。

小玉問，「老師！您想看奶奶嗎？」

淑文看著小玉，不知道如何回答。

小玉踏著小碎步，奔跑進入廚房，打開了舊冰

箱。

冰箱門一打開，一股異味迎面而來。

一件小棉被就在冰箱門打開之際，掉落在地面上。

淑文看到奶奶的雙眼直視著自己，不禁全身嚇出了一身冷汗，心跳快要停止，嘴巴微微張開，但說不出話來。

「奶奶果然住在冰箱裡」，她心想，小玉沒有說謊。

今天晚上的天氣十分異常。

遠處的天空被時刻不斷交織出現的閃電照耀得如同清晨。

雖然不算明亮，但近處的事物清晰可見，而遠處的高山仍在閃電光芒的照耀下顯露其稜線。

淑文在床上翻來覆去，一夜無法安眠。

一個原本平靜的家庭，徹底被她打擾了，而且幾近於潰散的邊緣。

小玉的奶奶，直瞪著雙眼，凝視前方，與淑文對視的情景，她無法忘記，只要一閉上雙眼，就會浮上眼前。

她不禁質問自己，「為何對於小玉的誠實視若無睹？」「為何沒有早點發現奶奶陳屍在冰箱裡

面？」「她這樣破壞了一個家庭安穩的現狀對嗎？」「她為什麼要執意去打開冰箱呢？」「任何人都有可能去打開冰箱，為什麼最後是她要去打開冰箱呢？」

這一切的問題其實都沒有意義。

因為冰箱門已經被開啟，而事實上開啟冰箱門的是小玉。

但是開啟潘朵拉盒子之後的結果常常令人無法承受。

永馨受到社工督導的責備，因為未經通報及主管同意，擅自對個案進行家庭訪視，違反工作守則。

而淑文並非小玉的導師，而是國文老師，私自進行家庭訪問侵犯了導師的職權。

永馨的社工督導原本要撤換永馨，改由他人負責這個家庭個案，但是，鑒於社工師人力不足，永馨平常的表現又可圈可點，因此仍委由永馨處理後續的問題。

至於淑文私下介入學生的家庭問題，雖然沒有遭到處分，但已經引起導師慶生的不悅，此事也在學校議論紛紛，多數人覺得淑文不該多管閒事。

淑文一夜未成眠，隔天起來，翻開報紙一看，斗大的標題寫著「冰箱裡的奶奶」，這些聳動的字

眼及新聞內容不知道將對小玉及小玉的爸爸造成多
大的傷害，想到這裡，她的內心十分懊悔，甚至不
敢前往學校上課。

　　淑文的老公勸淑文要面對，同時要觀照內省自
己的善意，以這個善意為出發點，去面對這個事
件，面對小玉及小玉的父親。

　　所幸，永馨沒有被解除職務，同時還負責處理
後續事宜。淑文可以透過永馨了解事情發展的進
度。

　　淑文勉為其難地前往學校上課，一年忠班的導
師慶生沒有給淑文好臉色看。

　　淑文心裡自知有愧，不敢正面目視慶生，只能
悄悄地閃避，好不容易上完一天的課，趕緊逃回家
中。

　　淑文一回到家，馬上打電話給永馨詢問最新狀
況。

　　小玉目前先被安排到中途之家安置，日後可能
會尋求寄養家庭繼續扶養。小玉的奶奶遺體經過法
醫驗屍，並沒有他殺嫌疑，死因初步判定是心臟衰
竭，當天發現奶奶的屍體在冰箱後，永馨在第一時
間便已報警，後續事宜交給警方處理。

　　淑文一直呆呆地站在現場，久久說不出話來，
直到小玉來牽她的手，小玉還是無辜的模樣詢問淑

文，「老師，奶奶為何一直躲在冰箱裡面？」淑文
這次已經回答不出來了。

　　永馨見狀先過來安撫小玉的情緒，她跟小玉
說，「奶奶需要休息，我們先不要打擾她」，說著
立即把小玉帶離現場。

　　倒是小玉的爸爸，從頭到尾並沒有說什麼話，
只是坐在客廳的椅子上，他沒有阻止小玉去開冰箱
的門，但也沒有對冰箱裡面裝著自己的母親感到訝
異，顯然他是知情的，法醫驗屍雖然初步可以判定
他沒有殺人的嫌疑，但是隱瞞母親的死訊繼續領有
社會局的補助似乎已有違法的嫌疑，所以警方到達
現場後沒多久，便將他帶往警局偵訊及製作筆錄，
但是他依舊不發一語，這讓警方感覺到特別棘手。

　　小玉的爸爸被合法留置在警局 24 小時後，因為
罪證不足，無法證明他故意隱瞞母親死訊來詐領補
助，所以訊後飭回。

　　但是小玉已被社會局人員帶走，暫時安置在中
途之家，小玉除了懷念奶奶之外，也很擔心爸爸，
社工人員了解他的狀況後，覺得兩難，如果讓她繼
續留在原生家庭，擔心以小玉父親的狀況，小玉無
法得到適當良好的照顧及教育，而且可能會影響她
的身心發展。

　　但是，如果要強迫小玉離開原生家庭，前往寄

養家庭接受扶養，一方面小玉個人的意願很低，她還是希望跟父親一起居住，因為可以照顧爸爸，一方面冒然切斷原生家庭的感情支援系統，擔心小玉在獲知奶奶死訊後，又與父親分離，一下子情感連帶全部切斷，心理上可能無法承受。

　　社工督導雖然一開始對永馨單獨行事有所責備，但事後還是尊重她的專業判斷，對於寄養家庭的扶養暫時列為備案，先尋求有沒有可能在原生家庭延伸的親屬關係裡面找到情感支援體系。

　　淑文聽到永馨的說明後，雖然不是完全了解社會局作業的程序，但是已經稍稍感到放心。

　　過了一個星期後，小玉重新回到了學校，融入校園生活。

　　導師慶生在輔導室主任怡仁的協助下，事先已經對全班同學進行了一次團體輔導，讓同學理解小玉面對了至親的死亡，內心其實非常脆弱，需要情感的支持，不僅不可以對其霸凌，反而應該給予正面的感情支持與安慰，輔導老師要求每個同學都列舉了一個安慰小玉的方式，預定小玉返校後實施。

　　小玉正式回到學校的那天，有的同學寫了小卡片送給她，有人準備了像巧克力之類的小禮物，有的同學摘了鮮花送給她，有人給她一個深深的擁抱，有人自願幫她補習功課，當她的小老師，連那

些過去霸凌她的同學，都跑來跟她握手，並且說
「對不起！」。

在永馨的奔走下，找到了小玉的阿姨，也就是
小玉母親的姊姊願意扶養小玉，而且阿姨的家在小
鎮市區，周末周日的時候，阿姨同意帶著小玉回家
探視小玉的父親。

淑文還沒有走進一年忠班的教室前，原本有點
忐忑不安，見到小玉的笑容後，才稍微感到放心。

這一天的作文題目是「我的奶奶」。

淑文下課後，回到導師休息室，拿出小玉的作
文簿，手微微地發抖，她打開了當天的作文，仔細
地閱讀。


我的奶奶在冰箱裡住了半年了。

原先我以為是外面太熱了。

後來感覺冰箱裡面很冷，於是我給她送去了小
棉被。

但奶奶還是不講話。

也許奶奶還是覺得不舒服。

所以社工阿姨說，奶奶決定要去一個叫做天國
的地方旅行。

那個地方不會像外面那麼熱。

也不會像冰箱那樣冷。

奶奶可以享受溫暖的陽光。

所以奶奶到達天國後就露出了微笑。

奶奶從天國看得到小玉，雖然小玉看不到奶奶。

但是奶奶就像以前一樣，正對著小玉微笑。

淑文看到這裡，眼淚竟不自覺地滴到辦公桌上。

她拿起一張面紙將眼淚擦乾。

涵碧樓傳奇

## 咖啡時光

時序正當春夏之交，一群黃頭鷺從位於馬尼拉附近的貝湖出發，飛往呂宋島北方，面臨巴士海峽的卡加延河出海口，在出海口休息了幾天後，順著西南季風，飛越巴士海峽，途經巴布延群島、巴斯可島、伊巴雅特島，到達恆春半島。

在恆春半島休息足夠補充體力後，他們沿著高屏溪往上游飛行，沿著旗山溪繼續北上，途經後堀溪、曾文溪河谷，再沿著牛稠溪河谷飛行，穿越陵線，轉往清水溪河谷，不久到達尖山坑溪河谷的荷苞山。

這群黃頭鷺去年即在此築巢，今年還是如此。

在黃頭鷺的糞便裡面，夾雜著一些難以消化的咖啡豆，隨著糞便排出，不久便在荷苞山發芽、長成為樹木，甚至結成果實。

剛開始發現咖啡的漢人移民並不重視這種植物，只把他們當做一般雜樹來處理，通常都是連根拔除，直到日本人來了，才開始大量種植。

阿傑從小就喜好文學，小學五年級那年，他從大姊留下的一口很大的木箱子裡面找到了卡繆的異

鄉人，從此開啟了他文學的啟蒙。

　　阿傑的哥哥是職業軍人，兩個姊姊出嫁後，只有哥哥比較常回家，每次哥哥回家的時候，阿傑總是拖著哥哥到街上的書店幫阿傑買書，就這樣，買了一本又一本世界名著，阿傑也讀了一本又一本，悲慘世界、雙城記、基度山恩仇記、茶花女及塊肉餘生記等等陪伴著阿傑度過了童年的歲月，一直到街上的書店已經沒有書可以賣給他了。

　　上了高中後，阿傑加入了校刊社，開始沉浸在存在主義的思潮中。

　　曾經，他想要報考文組志願，念歷史或者社會學，最後迫於現實，才轉向法律或者商學院。沒想到最後還是考上了 C 大的社會系，社會系在當時屬於法學院。

　　作為一名文青，阿傑還有一個心願是經營咖啡館。

　　大學畢業後，他在恆春服兵役，恆春小鎮古色古香，除了一種純樸的氣息之外，偶而在巷弄內也可以發現一些別緻的咖啡館點綴其間。

　　服完兵役後，他幸運地考進報社，擔任記者。

　　由於當時南部的報社缺乏新人，阿傑便被分發到了台南府城。

　　在府城當記者，採訪新聞之餘，阿傑最喜歡逛

的就是咖啡館，不管是東豐路的柏拉圖，還是位於慶中街的「伊莉的店」，還有那家永遠令人流連忘返，位於孔廟附近的窄門，總讓人想起聯考擠進大門的不易。

位於中正路的唐寧街其實是家咖啡館，就在台灣文學館附近，那時候還是台南市政府所在地，也就是日本殖民時期的台南州廳。

在台南府城越久，就越想念故鄉，逛的咖啡館越多，就越想回到故鄉開一家咖啡館。

斗六附近有個荷苞山，荷苞山以桐花著名，但許多人不知道為何這裡種植了那麼多油桐樹，其實是要幫咖啡樹遮蔭，因為咖啡是半日照植物，而當初日本人在此廣植咖啡樹，為了遮蔭，才又種了一百多棵油桐樹，如今古坑咖啡名氣大噪，但是荷苞山其實才是雲林咖啡的發源地。

阿傑在荷苞山上開了一家咖啡館，名字就叫做荷苞山。

這是一處廢棄的果園，主人原本是一對老夫婦，老夫婦相繼去世後，兒女繼承家產，他們都遠在外地，無力照顧果園，但又不想任其荒廢，其中一位經營廣告公司的兒子便想出了一個主意，以每年一元的代價租給人經營，條件是不可以任其荒

廢。

地主還將租約期限規定為十年，十年期滿才可以換約決定是否續租或者終止合約。如果提早解約的話，租賃人必須賠償一百萬元。換言之，租賃的人必須有長期經營的打算，否則還需要賠錢，但是如果有心經營的話，土地租借的成本幾乎等於零。

阿傑是透過親友介紹認識地主，地主在簽約時說明這個構想源自日本，日本由於面臨少子化與高齡化，鄉村人口大量減少，許多房舍乏人居住，有些甚至是非常典雅的日式建築，屋主可能遠在東京居住，卻又捨不得將房舍變賣或者荒廢，因此會以相當低的租金甚至零租金租賃，但是租用者必須負責維護保養這些房舍，否則可能得支付一筆可觀的賠償金。

阿傑去過日本旅遊，想到那些日本鄉村，可以免費租用的房舍，心裡也十分嚮往。不知道什麼緣故，那些日本農家，總把自己的房屋整理得十分乾淨，房舍前面甚至都會種些不知名的小花，增添幾分色彩及情趣。

阿傑租用這塊農地的目的是種植咖啡，並且在農地上面興建經營一間咖啡館。一家建有花園的咖啡館，一間旁邊就是咖啡園的咖啡館，一家可以俯瞰整個平原的咖啡館，一家位於小山上的咖啡館。

晴子跟由美約在日暮里站附近的喫茶店見面，晴子家住在南千住，她搭乘常磐線從南千住途經上野到日暮里站不到二十分鐘，從日暮里站出站沿御殿坂步行，約莫十分鐘就可以到達兩人相約的喫茶店狐月庵。

晴子與由美是高中同學，兩人分別考上不同的大學。

晴子選擇念離家比較近的御茶水女子大學，由美家原本也在南千住，高中畢業前夕，父親因為工作緣故搬到原宿附近，所以選擇念青山學院大學。

晴子就讀御茶水女子大學的文學教育學部，她對漢語圈語言文化課程較感興趣，因此，決定二年級要到台灣交換學生一年，由美聽到這個消息十分震驚，要求晴子一定要見面把話交代清楚，兩人才會有今天的會面。

由美跟晴子的興趣大為不同，由美選擇的是理工學部，專攻為信息技術學科，以後準備擔任軟體工程師，甚至想要創業，開創一家屬於日本人的美妝平台信息服務公司。

本当ですか？

　　對於晴子要去台灣當交換學生這件事，由美還是不可置信。晴子一向十分膽小謹慎，通常都不敢自己一個人出遠門，所以都會找由美作伴。譬如高二暑假它們到北海道欣賞薰衣草那趟旅行就是如此。

　　いつも夢の中で浮かぶ

　　晴子說他最近夢中經常出現一處咖啡園，他印象中並沒有去過這個地方。可是夢中的情景非常真實，看起來像是熱帶地區，有些地方出現中文字，她進大學學習中文之後才認得，用 google map 查詢結果竟然是在台灣，令她十分疑惑。

　　兩人離開喫茶店的時候，由美才發現這家叫做狐月庵的喫茶店原來特色是台灣茶，看樣子晴子準備到台灣擔任交換學生這件事已經醞釀很久了，連喫茶店都挑選了這家以台灣茶為名的喫茶店。

　　不久，晴子便搭乘日航班機來到台灣，她申請的學校在位於島嶼南端的海港城市，這個城市有海的味道。她到英國人興建的領事館時聞到那股海的味道，很濃厚。

　　她到達島嶼南端的這個海港城市的第一個晚上，又在夢中出現那個熟悉的咖啡園。那個咖啡園

中出現的中文字經過 google map 的查詢顯示，並不在海港城市，而是海港城市的北邊。

她決定利用這個暑假尋找夢中的咖啡園。

阿傑非常忙碌，因為種植咖啡是花費人力的工作，同時需要成本，他在工作期間存了一百萬元做為創業基金，已經花了大約一半在咖啡的種植，但實際上種植的面積不到租用面積的一半。他決定將另外一半的咖啡園種植樹木及闢為花園，並且在花園旁闢建一間簡單的木屋作為咖啡館。

這家咖啡館並不豪華，風格簡樸，構造簡單，大部分的材料都是阿傑自己採購並且搭建而成，看起來更像是一間工寮。但咖啡絕對是純天然、生態系的，初期將以附近的登山客作為主要的客群，他還打算販售自家烘培的咖啡豆，至於烘培機由於價格高昂，初期不打算購入。

於是荷苞山上便出現一家名為荷苞山的咖啡園，咖啡園內有一間簡陋的咖啡屋，貌似工寮的木造建築。

晴子造訪了台南府城。

這個城市有許多的咖啡館，有一家咖啡館藏在窄門裡面，是棟老房子，晴子很喜歡，在那裡待了

一個下午，讀完了一整本小說，是東野圭吾的憂傷雜貨店。

　　她喜歡咖啡館那位穿著旗袍、健談的老板娘以及她泡的曼巴咖啡，苦中帶酸，令人回味無窮。

　　晴子還去了安平樹屋，樹屋底下也有一家咖啡館，昏昏暗暗的，從樹屋的歷史她發現原來這裡以前是英國的洋行。

　　走訪了府城一天，末了，晴子從 google map 裡面查詢，知道了她夢中的咖啡園還要往北才能到達。

　　阿傑的父親早逝，自從阿傑決定要種植咖啡並經營咖啡館後，從母親口中，阿傑才知道家族過去也有經營咖啡園的歷史，只是母親從來不曾提起。

　　原來阿傑的祖父是日本殖民時期咖啡株式會社契作的農民，祖父在自己的農地上種植咖啡，採收後交給會社烘培，契作的價格原本高於其他農作物，讓祖父願意投入咖啡的種植，雖然辛苦但是值得。

　　阿傑的父親小時候也曾經在咖啡園裡跟隨祖父一起工作，沒想到後來太平洋戰爭爆發，咖啡從契作改為徵收，價格便由日本殖民政府單方面制定，不久，祖父被徵調到南洋從軍，咖啡園便從此荒廢。

　　阿傑的父親戰後努力念書，考上了師範學校，畢業後便在中學教書，不再種植咖啡，也從未提起過這段往事。

　　阿傑從母親的口中聽到這段往事，難以想像自己的家族跟咖啡還有這段淵源。

　　他在山上種植咖啡，雖然辛苦，但是每次喝到咖啡時，聞到那股醇香，彷彿忘記了所有的憂愁。他習慣手沖咖啡，咖啡豆是自己種植，烘培仍然交給專業的廠商負責，烘培的品質相當不錯，並且還有通路代為銷售，一年下來的收入並不會比在外面的公司上班還要差。

　　阿傑偶而想起便翻閱一些家裡的老照片，看看能不能找到家族以前經營咖啡園的照片。咖啡園的照片沒有找到，倒是找到了祖父年輕時的照片，祖父旁邊有一名女子，阿傑向媽媽探詢照片中的女子。

　　阿傑的媽媽回憶道，阿傑的爸爸曾經提過，自己的親生母親叫做春子，那個時候因為戰亂，祖父與春子私訂終身，春子懷孕產下一子，就是阿傑的爸爸，戰後春子被遣返回日本，祖父從南洋回到台灣後，已經見不到春子，祖父默默流著眼淚，得知春子將小孩託付給親戚，祖父將阿傑的父親接回家後，獨力扶養長大，並未再娶。

　　阿傑得知自己父親的身世，不免感到一絲淒涼。

　　他從位於斗六雲林溪畔的家散步來到雲中街的日式建築群，這裡原本是警察宿舍，祖母春子的父親據說便是日本警察，春子可能就生活在這些宿舍群當中，沒想到偶遇祖父後，一見鍾情。

　　春子的父親擔任警察，在戰亂中喪生，據說是死於民亂，春子的父親死後，母親決定返回日本，春子變得孤苦無依，就一個人前往投靠阿傑的祖父。

　　照片中的祖父與春子似乎正在品嘗著咖啡，雖然是一處簡陋的農舍，但是可以看得出來兩人的感情頗為甜蜜。

　　阿傑散步之餘，不知不覺走到警察宿舍群對面的咖啡館，這家咖啡館叫做忐忑，阿傑感覺自己的心情現在也是忐忑，拿起記事本便寫了一首詩。

忐忑

忐忑不安的
是你未曾訴說的一種滄桑

埋藏在記憶深處

逐漸地荒涼

青鳥閃爍的耀眼
咖啡未聞的醇香
全視而不見
聞而不知其香
你在意識的甬道踽踽獨行
拒絕命運之神的召喚

抬頭
面向天空
竟是諸神的黃昏
如此淒涼

　　晴子聽說台南東山有家咖啡屋在山上，忍不住
要去看看。

　　她因為路不熟悉，加上言語不通，不敢獨自前
往，就找了一名友人有志陪同。

　　有志非常熱心，到台南租了一輛機車，載著晴
子爬山涉水，花了一個多小時才到達山頂上的這家
咖啡屋。

　　這家咖啡屋的視野非常好，可以俯瞰嘉南平
原，讓人心曠神怡。

　　正當他們在品嘗咖啡時，隔壁桌的客人聽到有志與晴子用日語在交談，相當好奇，便過來搭訕，晴子禮貌性地回答了幾個問題，當被問到對於這家咖啡屋的觀感時，鄰桌的客人告知其實雲林古坑的咖啡館更多，像這樣位於山上的咖啡館有幾十家，晴子聽完頗為驚訝，好奇心驅使，便決定下次要前往古坑造訪。

　　晴子的同學這次無法陪她造訪古坑咖啡，晴子自己一個人不敢騎機車，雖然造訪古坑咖啡在交通上可能有點不便，但晴子仍然自己搭火車北上，在斗六下車，因為她在網路上查到斗六街上便有咖啡館，而且是在日式建築裡面經營，斗六還有一座行館，是為了招待時任皇太子的昭和天皇行蹕的紀念館，好奇心驅使之下，她來到了斗六，並且步行走到雲中街。

　　走進雲中街宿舍群，晴子彷彿回到了日本一般，其實她在台灣的一些日式建築的氛圍裡面都會產生這種似曾相識的感覺。

　　晴子小時候曾經聽祖母提過，祖母年輕的時候曾經在南方的島嶼度過她的青春歲月，雖然祖母沒有講出南方島嶼的名字，但是晴子猜想應該就是台灣吧。

　　祖母經營一家咖啡館，據說便是在南方島嶼學

會烘培咖啡以及挑選咖啡豆等技能。

晴子總是對祖母口中的這個南方島嶼有一種想像，祖母去世後，她的夢中開始出現一些景象，晴子夢醒後總是會想，這應該就是祖母口中南方島嶼的景象吧。

走出雲中街後，晴子走向對面一家咖啡館。

這家咖啡館也是一棟日式建築，位在一個綠色的庭園中間，看起來像是一棟別墅。晴子走進咖啡館，點了一杯咖啡，品嘗著咖啡的香醇，並且沉浸在這樣的氛圍中。

咖啡館位於一處大約四百坪左右庭園的中央，庭園外圍沒有圍牆，與道路之間沒任何阻隔，從道路可以直接進入庭園，從對面的雲中街警察宿舍群可以直接目視這棟日式建築，建築物周圍種滿了花花草草，在庭院的外圍靠北方有一顆非常巨大的苦楝，斑駁的樹皮，巨大的樹影，已經伸展開的樹幅籠罩著半邊的庭園，枝葉不是太過茂密，因此樹影並沒有完全遮擋住陽光，反而讓陽光可以灑落在庭園裡面，讓花草可以每天都沐浴在陽光中，感覺欣欣向榮。

晴子原本就喜歡晴天，更喜歡陽光灑落大地的感覺，尤其是經過樹葉篩選後灑落在庭園綠地上的陽光，更是令人感覺到無比的舒暢，彷彿在炎炎的

夏日，汗水淋漓時，一杯加冰的檸檬綠茶。

　　晴子伸了一個懶腰，想起有一年夏天跟由美造訪鎌倉美術館時，那個綠草如茵的庭園。

　　正當晴子即將如一隻小貓陷入慵懶的午寐中時，一聲喀擦的單眼相機快門聲引起晴子的注意，一名男子走入庭園中正在拍攝苦楝下經樹葉如同沙漏一般過濾的光影，晴子注意到光影真的很美，可惜自己今天竟然沒有攜帶秘密武器類單眼相機，只能感覺有點遺憾了。

　　那位男子拍攝完後，就在咖啡館的留言簿上寫下了一段文字。

　　咖啡館裡正好撥放巴哈大提琴無伴奏組曲，聽起來應該是卡爾薩斯演奏的版本。此時的咖啡館裡面沒有其他人，聽著巴哈的大提琴無伴奏組曲，喝著濃稠的黑咖啡，無論如何，都是覺得非常對味。

ぴったり合わせて

　　晴子心裡這麼想著

　　走到櫃台前詢問工作人員，用很彆腳的中文詢問行啟紀念館如何走?

　　旁邊突然響起幾句熟悉的日語

すみません.日本人ですか

晴子點點頭，發現是剛剛那位拿著單眼相機的男子，看起來不像是個壞人

良ければ.ちょっと助けて差し上げて　よろしいですか

晴子聽得出來對方盡量使用敬語，想要表現出很有禮貌的樣子

但是日本人平常其實不會這樣講話這麼客套，除非是工作時面對客人的時候。

但是晴子感受到他的善意，因此微笑著回答

ありがとう

阿傑感覺到有點忐忑不安，但是，他還是鼓起勇氣上前向那個看起來很像日本女生的人表明自己可以幫忙，他用課堂上學到的，盡量表現禮貌的方式詢問對方，沒想到對方竟然沒有使用敬語回答，阿傑也記得日文老師說過日本人其實平常沒有那麼客氣地經常使用敬語，除非是在工作的時候，阿傑記得日文老師特別提醒，何時該用？何時不該用？

要自己去體會，最好的方式就是找日本人交談，此時此刻，他正在揣摩晴子的表達方式，自己是該使用敬語好呢？還是不要使用敬語。

　　沒想到晴子改用英文表示

Thank you

　這下子阿傑更是沒有頭緒，只好繼續用敬語。

私はツアーガイドにとって,一緒に行きましょうか？

　　因為他知道晴子的目的地是行啟紀念館，而自己的家就在行啟紀念館附近，從咖啡館走到行啟紀念館，大約十分鐘就可以到。

　　ここから記念館まで十分間をかかります.

　　聽起來有點像是小學生在造句，晴子心想，雖然覺得有點好笑，但是又不好意思笑出來，只是覺得這個男生有點呆，還蠻可愛的，跟日本男生完全不同，日本男生基本上是比較大男人主義的，台灣男生會主動幫女生拿行李包包等，日本男生就不

會，晴子遇到眼前這個台灣大男孩，嘴巴不說，眼角卻堆滿了笑意，阿傑再蠢應該都感覺得出來，這個日本女孩對他沒有拒絕的意思，於是他更放心地將課堂上所學的日文都派上用場了，晴子越聽越開心，沿途不斷英日語夾雜著給予阿傑回應。

就這樣，兩人竟不知不覺走到了行啟紀念館。

晴子突然想到沒有詢問過對方的職業是什麼，雖然看起來像是學生，但是又帶點農夫的氣息，因為阿傑每天在咖啡園裡面工作，曬得很黑，然後，晴子又發現阿傑身上有很濃很香的咖啡味，原本她在咖啡館時以為是咖啡館的氛圍所致，但是走到行啟紀念館時，那股氣息仍然沒有散去，晴子斷定阿傑的工作應該跟咖啡有關。

仕事は？

阿傑覺得這個日本女生的問句未免也太簡單了，跟課堂上教的完全不同，這種急迫感讓他顯得有點慌亂，晴子為了緩和氣氛，不用敬語問他。

コーヒーに関係があるの？

阿傑對這個日本女生很驚訝，不僅是因為她使

167

用常體而非敬體，而是她竟然直接猜中他的職業，阿傑不僅拼命點頭，嘴巴裡面還一直　はい！　はい！的說是，這下子徹底把晴子的笑點激發出來了，晴子覺得自己笑得有點誇張，因此略為客氣地用過去式的敬語緩和一下氣氛。

　　阿傑被晴子一下子敬體一下子常體的表達方式搞得有點混淆，但是又看到晴子臉上充滿笑意，正當一下子不知所措的時候，晴子已經走進行啟紀念館的建築物內，仔細地端詳了起來，剛好解除了這個尷尬的局面。

　　兩人之後竟很少交談了，因為晴子看到這棟建築物看得有點入迷了，彷彿一磚一瓦都能引起他的好奇心，行啟紀念館是為了昭和皇太子巡蹕時住宿所興建，實際上昭和皇太子並沒有在此住宿，阿傑怕晴子感到失望，說完後還看看晴子的表情，沒想到晴子只對舊建築物有興趣，對於昭和皇太子好像興趣缺缺。

　　阿傑看到晴子沒有反應，也就不想再說下去，畢竟這些典故好像只有上一輩的人比較感興趣，年輕人多半興趣缺缺。

　　正當阿傑試圖再找話題時，晴子表示要回高雄了，阿傑只能陪著晴子走路到火車站，這一路上晴子的話還是不多，阿傑好像把課本上學到的日文都

講完了，變得無話可說，晴子見狀，立即表示自己走到火車站就可以了，他詳細地詢問阿傑如何走到火車站，從太平老街走過去其實很近，然後就互道再見，日本人不喜歡麻煩別人，阿傑是懂得，但是自己竟然想不出要說什麼，實在有點尷尬，而日本人其實最怕的就是這種尷尬，臨走時阿傑要晴子留下 line 帳號，兩人互加後就各自走自己的路了。

晴子對於古坑咖啡雖然念念不忘，但是轉眼學校已經要開學了，選課就是一件很麻煩的事，會講日文的老師不多，只會講中文的老師他會聽不懂老師上課的內容，畢竟他的中文程度還沒有那麼好，就這樣，他勉強把自己課表排出來，開始選課並試聽，再忙完加退選，學校早就開學了，他也忘了古坑咖啡這件事，夢中祖母所講的咖啡園也還沒出現。

阿傑試著傳訊息給晴子，但是晴子回覆得非常慢，有時候兩三天才會回覆訊息，阿傑感覺晴子似乎對自己很冷淡，便不再積極聯繫。

關東腔會在疑問句後面用の當句尾，阿傑的判斷並沒有錯，晴子確實講話的腔調是關東腔，阿傑有一個刻板印象，這個刻板印象是以大阪為核心的關西人比較熱情，而以東京為核心的關東人比較冷漠，所以他覺得晴子既然是講話帶有關東腔的關東

人，待人比較冷漠就不奇怪了，其實晴子並非對待他比較冷漠，而是日本人的民族性，認識一開始對人都不會很熱情，何況彼此也不過見了一次面，真正原因是課業很忙，加上語言不通，學習是一件充滿障礙的事情，這一點阿傑可能很難體會，日子就在彼此缺乏聯繫中一天天過去了。

晴子確實早已忘記那個曾經一再出現在自己夢中的咖啡園。

直到一個冬天的早晨，她的夢中又浮現了那個熟悉的咖啡園，說是熟悉其實她壓根兒就沒去過，只是在夢中覺得熟悉。

她下定決心寒假一定要去著名的古坑咖啡。

這個夢讓她差點錯過期末考試的最後一堂考試，她睡過頭了，到達考試的教室時，考試已經開始十分鐘了，所幸這位老師對待日本學生很客氣，並沒有將她扣考，她拿了答案卷及試題後坐在位置上，心情很快恢復了平靜，考試結果並沒有令人滿意，但至少可以及格吧，晴子的心思已經不在這裡了，她又開始想要找尋那個夢中的咖啡園。

晴子考完最後一堂課後，立即傳訊息給阿傑，阿傑看到後相當吃驚，兩人已有大概一個月沒有互傳訊息了，阿傑原本希望透過與晴子聊天練習講日語，沒想到誤認晴子是冷漠後就放棄了，晴子因為

準備期末考試也完全沒跟阿傑聯繫，但是期末考完為了找尋夢中的咖啡園，他決定再次前往雲林，他向阿傑表明想要去喝古坑咖啡，阿傑很爽快地就答應了。

　　從斗六上華山有幾條路徑，汽車行駛在蜿蜒曲折的山路，只見竹林環繞，也可以看到滿山遍谷的檳榔樹，咖啡館林立在茶園中，晴子感覺有點詫異，因為它並沒有看到咖啡園，倒是看到不少咖啡館。

　　兩人找到一家視野非常好的咖啡館，坐定之後，發現今天竟然有雲海，這在古坑山區並不常見，而且只有冬天比較容易出現，晴子不僅感嘆，如果是夏天來的話，就看不到了。看來這次趁著寒假來古坑喝咖啡是來對了。

　　晴子好奇地問阿傑，古坑的咖啡館販售的都是古坑產的咖啡嗎？

　　阿傑據實回答，古坑山區產的咖啡數量有限，無法供應全年所有咖啡館的消費，有不少咖啡館是從國外進口咖啡豆來研磨成為咖啡粉，沖泡給客人喝，另外有一些咖啡館比較講究，會從國外進口咖啡豆來自己烘培，這樣可以烘培出自己喜愛的口味。

　　晴子接著好奇地問說，在古坑山區怎麼看不到咖啡園，反而都是茶園居多，還有不少竹林，另外最多的就是檳榔樹。

　　阿傑表示，古坑山區所產的茶不叫做古坑茶，一般稱呼為梅山茶，也有人稱呼阿里山茶，因為屬於廣大的阿里山產茶區，至於古坑山區的咖啡園，他並不知道在那裡，阿傑說自己有經營咖啡園，在不遠的荷苞山，而且雲林最早的咖啡園其實是在荷苞山。

　　阿傑應晴子的要求，離開古坑後，驅車前往荷苞山。

　　阿傑的咖啡園位於荷苞山的山頂上，從古坑山上看見的雲海，到了地勢較低的荷苞山變成了濃霧。

　　在濃霧中前行，意境格外不同，小徑旁的竹林，感覺景象如同京都的嵐山渡月橋。在濃霧的盡頭，出現了一座簡便的小木屋，那便是阿傑的工作室，小木屋內也有手工將咖啡豆磨成粉的簡易手沖設備，可以立即享受原始的風味。

　　兩人免不了在此要享受一杯阿傑親手磨咖啡粉並手工沖泡的咖啡，喝咖啡竟然是用阿傑手拉坏燒製的陶杯，平常這種陶製的杯子都是用來喝茶，阿傑卻是用來喝咖啡，搭配這個簡陋的木屋跟簡樸的

裝潢，粗曠又原始的風味就更加濃厚了。

　　晴子打量著屋內簡單的陳設，赫然發現在粗糙的木頭表面牆壁上，用原木相框掛著一張不甚起眼的黑白照片，照片已經泛黃，就在晴子趨前觀看時，阿傑解釋道，這是用數位相機翻拍後再沖洗的老照片。

　　晴子的目光在照片上面打量了良久，竟突然發出一聲えー，對日本人來講，這個聲音代表非常驚訝，晴子問說，這照片上的人是誰呢？阿傑回答是祖父跟祖母，晴子則似乎自問自答地說おばぁちん，阿傑聽出這是日語祖母的意思，他向晴子點點頭，但晴子只是瞪大了雙眼看著他，問阿傑可不可以用手機翻拍這張照片，阿傑回答可以，晴子用手機翻拍了照片，就維持沉默，好像有什麼心事一樣。

　　阿傑覺得有點納悶，因為晴子在回程幾乎沒有說話，跟上古坑喝咖啡的時候完全不一樣，去古坑的路上，晴子跟阿傑還有說有笑，但自從到了阿傑的小木屋，喝了咖啡後，竟好像變了一個人似的，阿傑心想，日本人的心思真的很細密，自己完全猜不透，也不想猜了，據說這跟日本人 A 型血型比較多有關係，阿傑不禁這樣自圓其說。

　　寒假開始了，晴子原本就計畫在造訪古坑咖啡後返回日本，只是她原本並沒有料想到會帶著一個疑問回日本，這個疑問就是在阿傑咖啡屋裡面照片上面的女人，這個女人看起來跟晴子的祖母非常相似，但晴子並無十足的把握就是祖母，卻忍不住叫出おばぁちん，晴子其實意指自己的祖母，但是阿傑並沒有聽出來。

　　晴子還未回到東京便迫不及待將照片傳給母親看，母親真澄也覺得跟晴子的祖母春子很像，但是並不能完全確定，真澄聽春子提過曾在南方的島嶼生活過一段時間，並且種植過咖啡，由於喜愛咖啡，最後才會認識在京都經營咖啡館的正夫，也就是晴子的祖父。

　　春子家住大阪，與友人前往京都旅遊時，在二條城附近閒逛，遇到一家古色古香的咖啡館，在一條小巷內，咖啡館開設的位置矗立著一座陳舊的日式建築，洋溢著京都特有的古典風味，讓春子一眼就愛上了這家咖啡館，沒想到咖啡館的小老板卻是一眼就喜歡上了春子，在端上咖啡的同時，偷偷在杯墊上寫下幾句話，詢問春子是否喜歡這家咖啡館，春子倒是毫不掩飾的表示喜歡，幾次造訪後，春子便被邀請到咖啡館工作，最後竟變成了老板娘。

真澄回憶，春子雖然提過在南方島嶼的生活，但並未透露細節，也從未提過在南方島嶼結婚生子的事情，因此真澄聽到晴子在荷苞山看到的照片，也相當驚訝。

等晴子回到東京後，真澄決定帶著晴子一起回京都去探望晴子的祖父，祖父在京都經營咖啡館。真澄跟晴子到達京都時，天色已晚，他們沒有打擾祖父，隔天吃完早餐後，提議要去祖父經營的咖啡館品嘗咖啡。

祖父看到晴子手機裡的照片時，竟然停了半晌，發呆良久。不知道從何說起這個故事。

真澄從未看過晴子的祖父這樣的表情，跟晴子二人都不敢作聲。

庭院裡飄著雪，空氣像凝結一樣，回憶也被凝結在過去的某個時空。

晴子首先打破沉默說，她遇到照片中那對夫婦的孫子。

真澄發現，白髮蒼蒼，滿頭白髮好像沾滿了雪而變白的正夫，已經眼眶中含著淚水，只能用袖子輕輕地擦拭。

晴子並未再追問，藉口要去看雪中的金閣寺，因此先行離開，兩人對於照片中人是春子這件事已經得到確認，用完晚餐，找個理由說有事就回東京

了，二人行色匆匆，祖父倒是未曾挽留，只是神色有點黯淡。

　　過了兩天，祖父很慎重地寫了一封信寄給晴子，問起照片中人的近況，晴子透過 LINE 向阿傑詢問，獲知阿傑祖父及父親早已去世。

　　晴子的祖父得知這個消息後，將一張照片寄給晴子，希望晴子能夠轉寄給阿傑。阿傑只知道晴子從日本寄了一張照片，信中交代了這張照片是祖父正夫交代要交給阿傑，晴子也向阿傑說明，荷苞山咖啡屋內的照片，照片中女子是晴子的祖母，而寄給阿傑的照片就是春子抱著出生八個月大的阿傑父親合影，阿傑看到信後也呆了半晌，不知道晴子跟自己竟是同一個祖母所生。

　　半年後，晴子邀請阿傑前往日本作客，阿傑依照晴子寄來的地址，前往南千住拜訪，循著地址找到了晴子的家，晴子的家已經改裝成為一間咖啡館，晴子後來終於搞懂夢中出現的那三個字--荷苞山，便成為這家咖啡館的招牌。

## 里長的秋天

秋同剛當選里長，就開始忙著處理里民的糾
紛。

阿水伯的牛跑去隔壁竹仔嬸的田裡，剛剛插秧
的稻苗被踩踏了一大片，阿水伯說要賠，竹仔嬸說
不要，他要阿水伯幫他重新插秧，阿水伯不肯，因
為他認為自己很忙，沒時間。

秋同調解袂成，感覺真漏氣。

垂頭喪氣，騎著自行車回到家中。

他打開音響，放進一張洪一峰的黑膠唱片，設
法讓自己心裡覺得舒坦一些。

然後，泡了一杯烏龍茶，讓自己的味覺沉浸在
茶香中。

想不到里長這麼難當。

早知道，就不要回來選里長。

秋同原本在台北城找頭路，但是不順利，處處
碰壁。

他的文筆不錯，但不是科班出身。

中學時愛上攝影，因為成績不好，就跑去台北

念了五專，攝影印刷科。

　　畢業了，才知道工作不好找。


　　他的爸爸原本就是里長。

　　既然在台北找不到頭路。不如回故鄉選里長，
選上也有個頭路。


　　其實，秋同是想要當個作家。

　　但是，作家不算是一個工作。

　　所以，一開始他跑去當記者，沒想到當了八個
月記者，報社裁員，不久，報社也倒閉了。競爭太
激烈，當記者已經很血汗了，最後竟然落個無路可
走。


　　這個地方，實在是有夠鄉下。

　　因為太過鄉下，所以，連選里長也沒人搶。


　　秋同站在廟埕，望著一望無際的田野，剛剛插
下去的稻苗，整整齊齊排成一排，因為稻田的土被
翻起來，所以，白鷺鷥都在田裡撿食小蟲，一群群
白鷺鷥，很難受到驚嚇，但是，他當里長的第一天
就受到驚嚇，他感覺應該去收一下驚。

　　竹仔嬸剛剛因為阿水伯不答應回復原狀，氣到

倒在地上，秋同當時以為竹仔嬸可能是昏過去，所以趕快叫救護車，沒想到一叫救護車，她又站起來了。

她一氣之下，推了阿水伯一把，阿水伯已經快要七十了，站立不穩，竟然真的摔倒了，摔到地上直喊疼，救護車到了，問說剛剛打一一九不是說跌倒的是阿嬸，那會變作阿伯呢？

他打開筆電想要開始寫作，因為思緒仍然沉浸在剛剛的氛圍當中，所以，一時之間竟然寫不出來。

索性放空一下吧！

他拿出顧爾德彈的巴哈哥德堡變奏曲，這次是CD唱片，放進CD唱盤裡面，音質果然清晰，兩個揚聲器都是日本進口的，搭配得天衣無縫。

秋同立即融入巴哈音樂的情境之中。

據說，哈巴哥德堡變奏曲是寫給一位失眠的主教聽的，那位主教聽完哥德堡變奏曲後就極容易輕鬆入眠。所以巴哈的音樂被稱為天籟之音。或許該說是一種很好的催眠曲吧！想到這裡，秋同開始沉沉進入夢鄉。

夢中竟然出現了一位日本殖民時期的保正，名

字也叫做秋桐。這個秋桐是名作家,也是保正,相當奇特。他跟秋同竟然是同鄉。

　　秋同不久便醒來。
　　他得去醫院探望一下阿水伯。
　　他開車到達斗六的大型醫院,一進入病房,就看到阿水伯跟年輕漂亮的女護士有說有笑,他才鬆了一口氣。
　　他向阿水伯噓寒問暖了一下,發現阿水伯忙著跟護士聊天,也不太有時間可以搭理他,就放心地離開了。

　　秋同接著前往竹仔嬸家,看到竹仔嬸向鄰居哭哭啼啼,抱怨阿水伯的牛踏壞了她的田,所插新的稻苗已經死了。
　　秋同趕緊將竹仔嬸拉到一旁,勸說她不要難過。
　　秋同答應一定會找人幫她把秧苗重新插好,竹仔嬸才勉強收住眼淚,回家休息。

　　秋同只好去找同學新發幫忙。
　　同學新發剛買了一台插秧機,秋同把前因後果跟新發說明了一遍,請他幫忙插秧。

新發問，那秧苗誰提供呢？

秋同說，你先去訂，錢由我的里長事務費支出。

新發點點頭。答應幫這個忙。

秋同終於把整件事情圓滿解決，這個時候，太陽也已經落山了。

秋同算算自己的里長事務費，如果這樣花下去，應該很快就花光了。

到最後，搞不好連自己的薪水都要倒貼上去，想一想，這真的是一個吃力不討好的工作。

就在秋同為了當里長可能會賠本發愁的時候，奇蹟突然出現了。

秋同接到縣政府的里長會報通知。

他依照規定時間前往縣政府報到。

里長們紛紛出席，並且大吐苦水，多半是抱怨那條水溝不通，那盞路燈不亮，那個學校的校長不趁職，會歪哥。只有秋同抱怨里長事務費不夠用，可能會賠本。

會議過後，民政局專員來跟出席的里長們打招呼。

專員對里長們很客氣，他很親切跟秋同打招呼，並且跟秋同報告，里長事務費不夠用，這種情形很普遍，請秋同跟老里長們請教一下，因為每個

議員哪裡都有一條地方建設經費可以運用，詳細情形要請教同一議員選區的其他里長才會知道。

秋同聽到這個好消息，馬上向專員道謝。

秋同剛走出縣府大門，就看見同一個議員選區的圳北里長王建川，他是一名老里長，他問王建川知不知道有一條地方建設經費，要向誰爭取？

王建川看起來應該五十幾歲了，兩鬢斑白，他將手搭上秋同的肩膀說，「少年仔！你內行！找我就對了。我帶你去找議員。」

秋同還滿頭霧水，不知道他所說的議員是那個。

王建川見他傻傻地，就提醒他說，「是咱同一選區的陳敏郎議員啦！」

王建川就帶秋同去找陳敏郎議員。

陳議員的厝就在大路邊，是一棟五層樓的電梯大廈，坐落在一片稻田中間，不知情的人還以為是一棟辦公大樓。大廈旁邊有一整排的倉庫，倉庫旁邊是一個很大的停車場，裡面停了幾輛中型卡車。

秋同看到倉庫，有點好奇。

問王建川說，「議員厝裡做啥生意？」

王建川笑笑地說，「肥料、飼料、農藥都有啦！」

進入室內，就是接待大廳，每層樓都有大約一

百多坪，一樓專門接待人客。二樓是工作人員的辦公室，三樓是娛樂場所，有ＫＴＶ、撞球間等，四樓是住家，五樓則是議員的辦公室，因為樓層有點多，所以裝設有十人座電梯，方便大家進出。

四樓說是住家，其實議員的家人平常都不住在這裡，通常都是議員一個人住在這裡。家人另外在斗六有買房子住。王建川向秋同介紹。

王建川一走進大廳，工作人員馬上熱情打招呼，「里長伯你好！」比較內行的還會叫「會長你好！」，原來王建川是里長聯誼會的副會長，但是大部分的人都會叫他會長，因為正會長住在斗六，不會在這裡出入。

王建川大聲說「我找議員，有跟他約好了！」

工作人員慌忙地幫忙按電梯到達五樓的按鈕。

兩人隨即走進電梯，電梯裡面還裝設有監視器。感覺有人走進電梯的時候，保安人員都在監控室注視，議員的辦公室應該也看得到。

電梯到達五樓。

走出電梯，看到一個大門，門已經打開了，裡面有座木造屏風，屏風的後面才是議員的辦公室。辦公室的兩旁各有一座長條形皮製沙發，沙發上都擺有精緻進口的靠墊，議員已經端坐在中間的主位沙發，議員的旁邊還有一位貴賓。

　　王建川走在前面，看到貴賓，馬上低頭打招呼，「原來是黃立委在這，失敬！失敬！」站在王建川身後的秋同才知道那位貴賓原來是黃立委。

　　黃立委開口說，「麥客氣啦！」「大家都是老朋友囉！」

　　王建川向黃立委介紹秋同，「這是蔡昆山里長的後生啦！」

　　立委點點頭，隨後說「恁爸爸我很熟，可惜，過身有卡早！」

　　隨後也拍拍秋同的肩膀。

　　秋同的父親蔡昆山原本是里長，秋同選舉到一半的時候，父親突然心肌梗塞去世了，所以他的得票數拉得很高，據說就是父親去世後的同情票。

　　陳議員站起來，請兩位里長入座，黃立委還有代誌，向大家告辭後離開。

　　三人目送立委離開後，隨即坐下。

　　議員旁邊還有一位女助理負責倒茶。兩條長型沙發的中間有一個大圓桌可以泡茶，圓桌旁邊有個小板凳是女助理的位子，女助理泡好茶後再將茶奉送給每個人客。女助理穿著一件深色套裝還有窄裙，坐在小圓凳上面泡茶的時候，兩條大腿幾乎完全露在窄裙外面。

　　「如果坐在她的正對面的話，應該可以直接看

到內褲吧！」秋同心想，同時感到褲襠內逐漸火熱，然後鼓動起來。害他只好直直坐著，不敢亂動。

坐在女助理正對面的是陳議員，陳議員看起來很平靜，心情好像沒有什麼起伏。

陳議員叫女助理奉茶，女助理把兩杯茶先一一端給人客，先是端一杯給王建川，再端一杯給秋同，端給秋同的時候，蹲得特別低，秋同馬上可以看到女助理黑色窄裙內的白色蕾絲內褲，女助理的白色襯衫領口還刻意解掉一顆鈕扣，因此，當她蹲在秋同前面的時候，還可以看到她的乳溝，秋同聞到一股在百貨公司一樓專櫃經常聞到的香水氣息，突然之間，他感到有點暈眩。

秋同覺得，吸毒的感覺大概就是這樣吧！雖然他從未吸過毒。

女助理端茶給秋同的時候，不知道是故意還是無意，手指頭碰觸了秋同的手一下，秋同的手感覺像觸電一樣。

陳議員見狀，笑了一笑。

開口說，「蔡昆山的後生，生得很將才又緣投。」

秋同突然間臉紅了起來，女助理坐在小板凳也

笑了一下。

　　女助理隨後也端了一杯茶給主人陳議員。

　　秋同這個時候才發現茶杯是高級的瓷器，產自鶯歌，上面還有仿宋窯的青花紋，質地細膩，雖說是青花瓷，但現在的上釉及燒製技術已經可以使得清綠兩種顏色並存，而且兩條花紋交織在一起，更顯得珍貴。

　　當女助理蹲在陳議員面前時，秋同發現陳議員眼光並未直視女助理裙底，也沒有朝向乳溝的方向。突然之間，他感覺自己剛剛好像有點失禮。

　　王建川打開話題，說「秋同想要幫地方爭取一點地方建設經費。」

　　陳議員馬上說，「沒問題啊！」

　　王建川此時轉向秋同，說「選舉的時候，你要幫忙議員。」

　　秋同連忙點點頭，他覺得這個時候搖頭也不太可能。

　　王建川跟陳議員隨即開始聊起地方事，這話頭一開，就沒完沒了，說到天，說到地。秋同開始覺得昏昏欲睡，就先告辭了。他跟王建川是一個人開一部車來的，可以自己先走。

　　陳議員吩咐女助理送客，他自己繼續跟王建川開講。

　　女助理送到門口，還幫忙秋同按電梯下樓，電梯到了之後，女助理先進電梯幫忙按一樓，兩人一起搭電梯下樓，女助理的香水再次讓秋同感到暈眩。

　　走出電梯後，女助理還送秋同到大門口，隨即目送他離去，秋同離開的時候，女助理還彎腰點頭，做了一個鞠躬禮，秋同不小心又看到她的乳溝，以至於剛開門上車時，還無法馬上駕車離開，他先在車裡吹了一下冷氣，才慢慢開車離開。

　　地方建設經費終於下來了。

　　秋同被通知今年度有二十萬的額度可以運用，打電話來的助理還特別交代，這是陳議員爭取給秋同這個里使用的。

　　秋同真的心存感激。

　　為了表示感謝，他經常到陳議員的大樓拜訪，陳議員不在的時候，工作人員會安排他在一樓跟其他人客泡茶聊天。偶而陳議員在家的時候，則會邀請他到五樓泡茶。

　　隨著造訪次數的增加，秋同已經逐漸習慣了女助理的裙底風光，在奉茶的那一刻春光乍現，然後，他對於白色襯衫打開衣領裡面的乳溝也開始視而不見，最後，他已經完全沉浸在女助理的香水味

道裡面，後來他在百貨公司一樓專櫃聞到時，詢問專櫃小姐，才知道那是香奈兒五號。

　　秋同做里長經過大約半年。

　　庄內的路燈壞了，或是水溝要重新鋪水泥，他攏有經費倘用了。

　　他感覺真歡喜。

　　有一天，他照常前往陳議員的大樓報到。

　　這一天，陳議員邀請他去五樓泡茶，他同樣搭電梯到五樓。

　　一走出電梯，他就聞到香奈兒五號的香味。

　　陳議員與王建川里長兩人在喝茶。

　　他走進去。

　　議員說，「你來了都合。」王建川在旁邊笑，有點像暗散鬼。

　　陳議員跟女助理使個眼神，讓她暫時離開。

　　秋同感覺氣氛有點不太尋常。

　　「黃立委這次選舉，你要幫忙。」

　　陳議員說完，秋同點點頭。

　　陳議員接著走到角落的保險箱，旋轉密碼鎖，打開保險箱，拿出一個紙袋，直接遞給秋同。

　　秋同打開一看，竟然都是一綑綑的千元大鈔，他嚇了一跳。

自從第一次來五樓之後，他已經很久沒有這麼緊張了。

議員說，「這總共五十啦！是給你的活動費。」

秋同心內的感覺是不敢收，正在躊躇的時候。

王建川開始贊聲。

「一個里只要開出五百票，剩下的都是你的。」

秋同終於了解，為何王建川會笑得好像暗散鬼。

秋同鼓起勇氣說，「這個錢，我不能收。」

陳議員看起來有點不爽，「你這樣就沒意思了。」

他向女助理使了一個眼神，女助理馬上起身。

女助理走近秋同。

挽著他的手臂離開，順便拿著紙袋，到達電梯口。

女助理接著挽著秋同走進電梯，秋同感覺無力招架。這次女助理並沒有按一樓的樓層，而是按下四樓的按紐。

秋同心想，「四樓不是陳議員的住家嗎?」

他隨即想起來，上次王建川說陳議員的家人都不住在這裡，現在他好像可以體會到那層意思了。

電梯門打開了。

四樓的燈光有點昏暗。只有床邊的一盞夜燈。

走出電梯，就看見一張精美的彈簧床，還有一張沙發，床邊還有一張八爪椅。窗戶上面拉上的窗簾，故意讓陽光無法進來。

女助理牽著秋同的手，一起坐在床沿。並將紙袋放在沙發上。

女助理隨即開始幫秋同解開上衣的鈕扣，並且將唇湊上他的唇。

當女助理的唇湊上他的唇時，秋同又開始沉浸在香奈兒五號的氛圍裡，他開始感到暈眩、暈眩，還是處男的他，終於體會到人家說的「暈船的滋味」了….

離開了陳議員大樓的秋同，心情依然沉重。

女助理跟他的片刻激情固然令人飄飄欲仙，等到走出大樓門口，女助理消失的時候，一陣涼風吹來，他突然清醒了。

這不是賄選嗎！？

他算了算紙袋裡面的鈔票，總共五十萬元，他的里要開出五百票，換言之一票要花一千元去買，如果有把握開出五百票，不用花錢買票的部分，「剩下的錢都是你的。」王建川的話言猶在耳。

這種犯法的代誌，我怎麼可以做呢？

經過剛剛跟女助理的雲雨纏綿，他已經沒有勇氣回去陳議員的大樓了。

他決定先開車回家再說。

他洗了一個冷水澡，腦袋似乎清醒了許多。

他打開音響，這次聽的音樂是宮崎駿的天空之城，感覺整個世界純淨了許多。他又泡了一杯黑咖啡，試圖讓自己的頭腦保持清醒。

看到書櫃裡面的蔡秋桐傳記，就隨手拿來讀了一下，沒想到讀著讀著就睡著了。

睡夢中，他看到蔡秋桐被抓到監獄裡面關起來，然後驚醒了。

想到賄選可能會被判刑入監獄，心裡感覺很不安。

他決定找母親參詳這件事情。

「阿姆！」
「你早上跑去那裡？」
「去陳議員那裡！」
「有啥代誌？」
「他給我五十萬元要用來買票。」
「你千萬不要買票，恁爸爸做里長從來袂買票。」

「阮爸爸過身之前不會跟我講這些。」

「聽阿姆的話,要跟恁爸爸一樣,不要買票。」

「但是,對方已經將錢交給我囉!」

「這樣,你要交給檢察官,交給檢察官去辦。」

秋同不敢把他跟女助理發生的事情告訴阿姆,但是他決定聽阿姆的話,把錢交給檢察官處理。

秋同把錢帶到地檢署自首,地檢署受理後由檢察事務官製作筆錄,隨後就讓他回家。秋同回到家時已經深夜,但是他心裡鬆了一口氣,至少,今天晚上睡覺不會睡不著了。

隔天地檢署隨即傳喚陳議員到案,陳議員矢口否認這件事,辯稱五十萬元是王建川里長借給秋同周轉的錢,至於女助理跟秋同之間的關係,他一概不了解,同時,陳議員還說,要選舉的人是黃立委,跟他有什麼關係?揚言要控告秋同誣告及作偽證。由於缺乏證據證明賄選,檢察官在訊後飭回。檢察官同時傳喚了王建川及女助理,兩人說詞與陳敏郎議員一致,檢察官認為二人與陳議員有串供之

虞，向法院申請羈押，但是被法院駁回。

以為從此太平無事的秋同下午就接到王建川的電話，「你這樣做，很快就會出代誌！」隨即掛斷電話。

秋同聽完這通電話，心情感到鬱卒，跟母親說要去逛夜市。母親也沒有阻止。

他一個人騎著機車，到斗六的夜市閒逛，今天晚上剛好有夜市，人真多，非常鬧熱，他吃了蚵仔煎、藥燉排骨，還喝了一杯冬瓜茶之後，感覺有點飽，就打算回家了。

他走路回到停機車的地方，機車停在人文公園旁邊馬路機車位，剛把安全帽戴上時，只聽到兩聲槍響，秋同應聲倒地，人站立不穩，連同機車摔到地上。

開槍的人戴著一頂黑色安全帽，隨即駕著機車逃逸，車牌號碼已經用布貼著，看不出車牌號碼。

隨著槍響，旁邊有女生發出尖叫，一名中年男子立即打一一九叫救護車，也有其他路人報警，警方隨即趕到現場，維持秩序。

秋同被送往台大醫院急診室，還好人文公園距離台大醫院斗六分院很近，所以能夠及時送醫，秋同身中兩槍，一槍在頭部，因為子彈貫穿安全帽，威力減弱，所以卡在腦殼，否則有性命之虞。另外

一顆子彈擊中大腿動脈，導致大量出血，所以現場立即昏厥，台大醫院立即將他送往開刀房。

　　算是秋同命大，所以，撿回一條命，腦部幾乎沒有受損，大腿中彈短期內行動可能不便，但應該可以痊癒，台大醫院的醫生如此向外界說明。

　　縣警局立即成立專案小組調查，並由檢察官指揮辦案，檢察官研判可能跟賄選案有關，要求警方加防戒護，刑事組幹員封鎖現場，發現兩個彈殼，送往鑑識組彈道鑑定，均為奧地利製制式克拉克手槍，曾有犯案紀錄。

　　秋同的阿姆得到警方通知，來到醫院，她面無表情，只是希望警方早日破案，抓到兇手。

　　這天晚上本是中秋月圓，許多人沒有注意到，大片烏雲遮住了皎潔的月光，大地一時之間顯得特別黑暗。

　　秋同昏昏沉沉之間，突然又見到蔡秋桐出現，蔡秋桐也是拍拍他的肩膀，跟他說，「毋通唱政治！」，他原本覺得非常冷，聽完蔡秋桐的話後，突然感覺溫暖，等到他醒過來後，發現自己躺在醫院的觀察區，剛剛在開刀房很冷，到達觀察區後，護士發現他一直發抖，趕快給他暖氣，恢復體溫。

隨後被送往普通病房。

　　秋同在醫院躺了一個禮拜後，傷勢沒有大礙，就辦理出院了。

　　這段期間，警方都加派警力在醫院病房門口戒護，因此，未曾出現有人膽敢威脅秋同生命的事件再度發生。

　　秋桐的媽媽擔心他留在故鄉會有生命危險，出院後立即搭高鐵北上，投靠住在台北的阿姨，秋桐在台北唸書的時候，有段時間就是住在阿姨家，後來是因為阿姨家離學校實在太遠，才會住到學校宿舍。

　　住在台北靜養這段時間，他開始重新寫作，寫詩、寫小說，也閱讀一些世界名著，在故鄉發生的那段故事，似乎只是一場惡夢，但又特別真實。

　　偶而，女助理的胴體會出現在他的夢中，那肯定是一場惡夢，蔡秋桐的影子也曾在夢中出現，他索性又重新買了一本蔡秋桐的傳記來看，發現蔡秋桐出獄後就未曾再寫作，作家的生命感覺被獄中生活摧毀殆盡。

　　他反覆思索「毋通唱政治！」這句話究竟是在傳記裡面的那一段看到，但始終找不到，感覺有點像是靈異現象，但是他跟蔡秋桐除了名字幾乎一樣

而且是同鄉外，毫無血緣關係。

大腿的傷逐漸痊癒後，他開始到附近的和美山步道走路爬坡做復健，山頂可以遠眺一零一大樓，台北雖然繁華，但始終不是他的家。

他決定要好好研究蔡秋桐，並且用這個題目來當做報考碩士班的研究計畫主題，雖然，他短時間內無法回到故鄉，但是至少在他研究蔡秋桐的時候，他彷彿回到了故鄉。

打開電腦，雖然沒有洪一峰的黑膠唱片或者顧爾德的ＣＤ唱片，但至少ｙｏｕｔｕｂｅｒ裡面可以找到天空之城的音樂，他買了一杯超商的黑咖啡，陪伴他的是那本跟放在故鄉一模一樣的蔡秋桐傳記。

他的書櫃裡面，不是第一次出現重複買的同一本書，只是這次，是故意買的，前三次則是無意中買的。

第一本是葉慈詩集，他在高中時就已經是文青，也嘗試寫過詩，但始終沒有寫出好詩，也因此只能靠讀詩來滿足這種對於詩的飢渴，葉慈詩集是他最喜歡的詩集之一，大概相當於中文的楊牧或者鄭愁予，所以，他無意中買過兩本一模一樣的葉慈詩集，最後決定把其中一本送人。

第二本是易中天「帝國的惆悵」，他也重複買

了兩本，其中第二本還是精裝本，為什麼是「帝國的惆悵」呢？大概是因為他的帝國三部曲指出了古老的帝國應該進化的方向與步驟吧！以致於生活在台灣的他，讀起來並沒有違和感，帝國三部曲分別是「帝國的惆悵」、「帝國的終結」及「費城風雲」，易中天道出了現代中國知識分子的夢想，就是讓古老的帝國朝向民主立憲體制進化，才是真正的中國夢。

第三本則是沈從文自傳，他的書櫃上原本已經有一本沈從文自傳，但是在南部的鄉下，最近他又買了一本，買回來才發現已經有一本了，這證明了他對沈從文的喜愛並未隨著時間的推移而消失，反而是歷久彌新，他嚮往沈從文的湘西，書寫鄉野傳奇，就像他可以書寫自己的故鄉一樣。

台北的深秋有點冷了，應該比雲林冷。

雖然台北的天空開闊，台北的夜更加多采多姿。

但是秋同的心依然是雲林的心，而他想書寫的故事依然是雲林的故事。

涵碧樓傳奇

## 週二下午的國文課

他的夢中，經常出現兩條龍，糾纏在一起。

有些時候，兩條龍並沒有顏色，呈現一黑一白。糾纏在一起的兩條龍好似麻花，沾染上巧克力與奶油的麻花。像太極一樣的麻花，巧克力混雜了奶油的香氣，奶油當中又加入了巧克力的一點苦澀。

這是一堂週二下午的國文課，老師在講桌後談論著古詩詞的風韻，台下不少學生已經昏昏欲睡，「春日炎炎正好眠」的詩句竟浮現在小山的腦海裡。

三月還沒完全結束，這個南方小鎮因為氣候異常的關係，竟出現了三十幾度的高溫，儼然夏天已經提早來臨。

小山的頭冒著汗，衣服早已經濕透，卻又被提早開啟的冷氣吹乾，這種熱濕又轉為冷乾的感官體驗似乎比老師正在導讀的詩詞更令人感到舒適。

老師從「自作新詞韻最嬌，小紅低唱我吹簫」，講到「曲終過盡松陵路，回首煙波十四橋」。聽到吹簫這兩個字，他似乎心跳自動加快，但老師應該沒有察覺。

　　國文老師取了一個頗有詩意的名字，姓柳，柳永的柳，取名春長，「柳葉垂於湖畔，春日來時方見長」，小山自行在腦海裡拼湊導讀，竟忽略了老師在台上點名的聲音。

　　原來老師正在解讀柳永的「雨霖鈴」，問同學如果與友人別離，會有什麼風情無法跟別人訴說呢？

今宵酒醒何處，楊柳岸、曉風殘月。

此去經年，應是良辰好景虛設。

便縱有、千種風情，更與何人說。


　　小山的恍神被同學的輕推叫醒，竟不自覺地站起來。

　　老師問，你會想到什麼呢？

　　小山突然陷入一片迷惘，不少同學開始發出笑聲，讓他陷入極度困窘。

　　為了脫離這種困窘，他竟把剛剛在腦海裡面浮現的句子念了出來。

柳葉垂於湖畔，春日來時方見長。

　　國文老師看了小山一下，露出微笑。

　　他很快就會意過來，這個句子裡藏了他的名字。

　　有些同學仍在窹寐之中，但也有國文程度好的同學領悟了，在一旁竊笑。

他們覺得小山應該是在逢迎，博取老師的好感。

這時，有位平素熱於助人的同學明文幫他解圍。

老師！小山感冒了。

沒想到國文老師竟然走上前來，摸了他的額頭。

有些時候，在夢中，那兩條龍更像是兩條蛇，身體捲曲在一起，一黑一白的依偎纏綿，他在生物課時看到，這是蛇交配的姿勢，下體竟然不自覺地勃起，還被同學發現，他馬上起身離開教室，衝到廁所，一直躲到下課後，才又回到教室。

不知情的人以為他是尿急或拉肚子。


國文老師發現小山的額頭真的發燒了，囑咐他要去看醫生，並且好好休息。隨即離開，回到講台，離開的那一刻，用手掌順勢從腦後勺輕輕地撫摸了一下小山的頭，並拍拍他的背。

就在那一刻，小山竟又勃起了！

他的臉瞬間紅了！比發燒的臉還紅！

由於極度困窘，他不自覺地趴在桌面上，將頭埋在兩隻手肘圈成的一處沙漠裡面。

他感覺極度的乾渴，炙熱的火焰，好像要把這處沙漠燃燒殆盡。

　　雖然他在趴下的時候，順勢把外套蓋在大腿上，但還是讓隔壁的韶安看到他的勃起，鼠蹊部鼓起的丘陵，欲語還休，恰好跟沙漠形成一個對照。

　　那片丘陵，埋藏著一座火山，已經蓄勢待發，噴漿之後，將會一發不可收拾，摧毀這個平靜的世界。

　　由於快要下課，國文老師並未企圖將其喚醒，任由他趴在桌面上。

　　此時的小山正陷入天人交戰，丘陵下的火山正在萬頭鑽動，丘陵下的岩漿好像萬馬奔騰，一觸即發，就在下課鐘響時，他立即衝向廁所，在廁所裡面讓火山裡面的岩漿肆意奔放。

　　原本以為這次的火山爆發終將隱沒在往後的國文課中。

　　沒想到，放學時，整理書包，便在抽屜發現了一張紙條。

　　他打開紙條。

　　上面寫著：柳葉垂於湖畔，春日來時方見長。

　　約小山放學後在人文公園土撥鼠塑像旁見面

　　紙條並未署名

　　小山感到疑惑

去？還是不去呢？

他騎單車到人文公園。
把車停在路旁。
土撥鼠塑像在林蔭大道的盡頭，也就是公園的深處。
林蔭大道旁有木製長條椅，遠遠便可見到一名穿著學生服的人在等他。

他走近一看，原來是韶安。
他用懷疑的眼神看著韶安。
韶安拍拍長椅上的位置，示意他坐在旁邊。

傍晚的風有點涼。
小山保持沉默，他已經冷卻了。也不希望自己又重新被點燃。
韶安從手機打開一段視頻，故意在他面前播放。

視頻裡面看不到沙漠。
但是鼓起的丘陵倒是清晰可見。
小山仍保持沉默。
韶安竟也不說話。

203

兩人一直坐到天黑。
公園的一隅浮現了上弦月，金星就搭在弦上。
乍看像是星隨月走，伴著孤月。
也像是月將金星吞噬，使其渺無蹤跡。

兩人的靜默
在上弦月浮現時解開了。

月亮將金星吞噬了！
韶安首先打破了沉默
小山並未回應
他的冷像孤月
韶安的溫暖像是金星
微不足道

韶安突然將唇印在小山的唇上
小山未動
冰冷的唇
似乎將白日的沙漠封印了
讓人感到一種安心

韶安將手摸索，希望感受到丘陵的起伏。
小山用手將他推開

不知道是擔心火山再次被點燃

還是岩漿即將迸裂

總之，韶安的唇，竟在那一刻，主動離開了。

他寧願金星被吞噬，但上弦月刻意與金星保持距離，那是一種姿態。

韶安只是來讓火山冷卻？或者試圖再讓他點燃？

那天晚上

小山的夢裡，兩條黑白分明的龍，竟然沾染了顏色。

一條是粉紅，一條是蘋果綠。

兩條龍交纏在一起，像蛇一樣的交配。

他看見自己是粉紅色的小龍，柳春長則是那一條蘋果綠的龍。

他感受到丘陵正在無限地膨脹、膨脹，岩漿即將劃破地面，沖出地殼，蛻

變成火山。

在石破天驚的那一刻，粉紅龍依偎的蘋果綠龍竟是韶安的臉孔。

小山陷入了迷惘。

睜開雙眼的時候，手順勢摸到了內褲上的黏膩。

時鐘指向凌晨三點，他躡手躡腳地進入浴室，除去這些味道。

隔天的國文課
國文老師若無其事地上著課。
教室裡面瀰漫著他的 BOSS 古龍水
小山沉浸在這種味道裡面已經三年了
他依靠嗅覺，在百貨公司專櫃找到這款古龍水。
花了一個月的零用錢，買了一瓶五百 CC 的包裝。
為的是每晚臨睡前能夠聞到這個味道，讓自己能夠安心入睡。

會考已經結束
專心聽課的學生更加變少了。
有些玩著手機，有些看著漫畫書，有人公然打手遊，有人忍不住夢周公。

老師今天分享了柳永的「望海潮」。
有三秋桂子，十里荷花。羌管弄晴，菱歌泛夜，嬉嬉釣叟蓮娃。
講述到這裡時，台上的國文老師突然提到，據

說柳永性好男色，此處的蓮娃也有可能是男娃，而非女娃。

原本正在恍神的小山，突然間感受到一陣暈眩。隨即將注意力轉移到這一段。莫非柳春長是釣叟，我是蓮娃。

正當小山內心躊躇，反覆思量的時候，韶安又在一旁偷偷用手機錄下了這段情景。

五月是蟬聲鳴叫的季節
也是驪歌輕唱的季節
禮堂裡面的畢業生領到畢業證書後，都別著白色的佩花，與盛裝而來的老師們合照。

小山遠遠望見身形高挑修長的柳春長，彷若柳條隨風搖曳地，穿梭在人群之間。

他拿著畢業紀念冊，等待時機，邀請柳春長簽名。

柳春長面前簇擁著一群女生，爭相與老師自拍。

待人群逐漸散去之際，小山才快步向前，將畢業紀念冊攤開在柳春長的面前，並且遞上那支他精心收藏的派克紀念鋼筆。

柳春長微笑，簽完名後，問小山是否直升高中部，如果直升，未來國文課還會見面。小山毫不猶

豫地點點頭。

　柳春長隨即離去。

　小山打開畢業紀念冊，看見柳春長在上面留下
的句子

　**柳葉垂於湖畔，春日來時方見長。**

　**小山傍於雲端，秋暮幾重費思量。**

　柳春長將他的豐田汽車開往學校後門。

　韶安在這裡等候他多時了。

　他買了兩張電影票，要跟柳春長一起去看電
影，慶祝畢業。

　柳春長問是什麼電影？

　韶安沒有回答。

　只將電影票湊到他面前，他定睛一看，是阿莫
多瓦導演的電影「鬥牛士」數位修復版。

　韶安問，他會直升嗎?

　柳春長微笑點點頭，表情充滿了信心。

## 鴻爪雪痕

達克不知道何時被漂流到這裡，這個河岸看起來很陌生。

應該說昨天晚上他在昏睡中就被漂流到這裡了。

這是一種很奇怪的狀態，但做為一隻鴨子，他也無可奈何，晚上本來就是睡覺的時間，可是卻一直下雨，雨越下越大，他跟往前一樣，就在主人靠著西邊的養鴨場休息睡覺，沒想到一覺醒來，他已經漂流到了不知道何處的河岸了。

這裡顯然不會有主人的餵食。

一大早醒來，他感到非常飢餓。

往常主人都會準備非常豐富的飼料，但此刻，他只能自己覓食了。

河裡並不缺乏食物，但是看起來那些小蟲都髒髒的，不是很可口，還有一些水草可以撿食，但味道實在吃不太習慣。

他吃了幾口，可能實在太餓了，一開始有點難以下嚥，接下來竟然就一口接著一口，自己都控制不了。

陽光逐漸灑落在河面上，整個溫暖了起來。

達克對這裡雖然還是感到陌生，但已經慢慢感到熟悉。

他伸了伸懶腰，慢慢在河面游來游去。

他原本已經被選為鴨王的繼承人。

做為繼任的鴨王，他看起來確實是雄赳赳、氣昂昂，走路都有風的樣子。

大部分的鴨子看到他，都露出羨慕的眼神。

很多小鴨子圍著他，希望長大之後成為另外一個達克。

至於那些母鴨子們，有的會對他拋媚眼，有的故意用翅膀磨蹭他示意。

鴨王曾經警告過他，在達克正式成為鴨王前，不要動鴨王的母鴨們，所以達克謹記在心，不敢造次。

但是他的確有偷偷喜歡幾隻年輕母鴨，他暗暗地挑選自己的母鴨，等待那天他正式成為鴨王，他就可以擁有自己的母鴨，在此之前，他還是規矩一點比較好，免得鴨王看他不順眼，把他繼承人的位子廢除了。

這個河岸竟然沒有一隻鴨子。

所以，達克整個氣勢弱了很多。

　　就在達克游來游去的時候，他發現了附近有幾隻紅冠水雞。

　　起初，他有點興奮。

　　他加速游過去，看看紅冠水雞會不會主動跟他打招呼。

　　沒想到紅冠水雞只顧著自己覓食，完全不理會他。

　　不曉得達克是不是自尊心作祟，他竟然衝向紅冠水雞，做勢要用鴨嘴啄他。

　　這下子紅冠水雞嚇到了，趕緊逃跑。並發出呱呱的聲音。

　　這個河岸出現呱呱的聲音，但竟然不是鴨子發出的聲音，而是紅冠水雞。

　　達克顯然有點得意。

　　他不讓紅冠水雞在附近覓食。

　　倒不是他沒吃飽，而是達克要宣示勢力範圍。

　　這隻紅冠水雞叫做嬉皮，他很生氣。

　　他嘴巴發出呱呱聲，然後迅速游開，沒想到達克緊跟其後。

　　就在達克的鴨嘴快要啄到他的時候，他拍拍翅膀，迅速跟達克拉開距離。

但是達克顯然沒有放棄，這讓嬉皮非常苦惱。

嬉皮拼命游著，沒想到遇到了另外一隻紅冠水雞洛基。

嬉皮跟洛基說，我們兩個不要游同一個方向，不然他很快就會追上我們。

洛基聽了，馬上朝另外一個方向游去。

達克發現兩隻紅冠水雞的方向不同，猶豫了一下。

他決定繼續追逐嬉皮。

嬉皮跟他的距離越來越近了。

就在達克的鴨嘴幾乎要啄到嬉皮的那一刻。

嬉皮奮力拍著翅膀，把距離又拉遠，達克依然沒有得逞。

他放慢速度，但又繼續朝嬉皮的方向前進。

由於嬉皮展開翅膀，飛向河岸，達克又在後面追趕，結果，嬉皮游的方向逐漸又靠近正在休息的洛基。

達克靠近洛基的時候，洛基也慌忙趕緊逃離，或許是這個動作吸引了達克，達克竟改追趕洛基，這下子換洛基開始累了。而嬉皮則趁機可以休息一下。

　　路過這裡的大蟒蛇朱立安，目睹這一切，感覺很不滿。

　　因為紅冠水雞是他的好朋友。

　　他在溪邊一邊爬一邊罵，這隻爛鴨，為何沒事欺侮紅冠水雞呢！？

　　嬉皮聽到後，也跟著用呱呱聲應和著。

　　達克一直追著洛基往下游游去，他們都沒有聽到朱立安的叫罵聲。

　　朱立安覺得有點無趣。

　　就在達克差點追上洛基，用鴨嘴啄洛基的時刻，洛基拍翅膀飛了起來。

　　只看到達克又被甩到後面了。

　　朱立安不禁笑了出來。

　　這隻笨鴨。

　　枉費心機，笨鴨不會飛。

　　朱立安想想，紅冠水雞不會有事，就算了吧！

　　他慢慢地往上游爬去，溪邊因為太陽的照射，變熱了。

　　他需要進去森林裡去，躲在陰涼的地方，否則會被太陽烤焦。

　　朱立安有個好朋友是隻土撥鼠。

　　土撥鼠去上學，傍晚下課回來時，朱立安忍不

住告訴她這件事。

土撥鼠的名字就是土撥鼠，她有時候會發出喵喵叫的聲音。

朱立安每次聽到土撥鼠喵喵叫都覺得很奇怪。

他問土撥鼠為何喵喵叫？

土撥鼠說，這是第二外國語。

因為雲林溪畔的貓兒很多，土撥鼠擔心被貓吃了，為了假裝成貓，她就學會了第二外國語，也就是貓語，所以土撥鼠經常喵喵叫。

朱立安聽了覺得有點糊塗，但是，因為他每次聽到土撥鼠喵喵叫的時候，都會問土撥鼠同樣的問題，而且得到同樣的答案，所以，最後，朱立安就接受了這個答案。

朱立安不僅接受了這個答案，還學會了喵喵叫。

從此之後，朱立安跟土撥鼠在雲林溪畔散步的時候，都會喵喵叫，土撥鼠問朱立安為何喵喵叫，朱立安說，這是第二外國語。土撥鼠問朱立安，你也怕被貓吃掉嗎？

朱立安說，不是，我只是想要學會第二外國語。

土撥鼠放學後，聽到朱立安描述鴨鴨欺侮紅冠

水雞，覺得很生氣。

她跟朱立安一起來到雲林溪畔。

果然就看到了鴨鴨達克。

達克看到紅冠水雞嬉皮在附近覓食，便開始追逐嬉皮，直到嬉皮拍著翅膀飛走才放棄追逐。

土撥鼠立即大聲責罵鴨鴨達克。

朱立安也說，鴨鴨很可惡，這裡本來就是紅冠水雞覓食的地方，鴨鴨是今天才出現的，怎麼可以欺侮紅冠水雞呢？

朱立安講話的聲音很大聲，好像打雷一樣。

因為太大聲了，鴨鴨達克竟然聽不到聲音。

所謂鴨子聽雷不知道是不是這個意思。

土撥鼠看到達克毫無反應，也很生氣，馬上跟著責罵達克。

但是因為土撥鼠是用貓語喵喵叫，達克感到很奇怪，聽不懂土撥鼠到底要講什麼。

由於達克覺得朱立安跟土撥鼠有點吵鬧，他就很識趣地離開，游到別的地方了。

朱立安跟土撥鼠也慢慢散步離開，因為天色已經有點晚了，要回家睡覺。

隔天醒來。

土撥鼠去上學了。

朱立安獨自來到雲林溪畔。

他又見到達克在溪裡覓食。

達克看到紅冠水雞嬉皮在一旁,再度加以追逐,企圖用鴨嘴啄嬉皮。

嬉皮現在已經十分機警,不讓達克有可趁之機。

嬉皮迅速拍著翅膀,到達河岸。

達克竟也不再追趕。

朱立安看到附近的水草叢中站著一隻白鷺鷥。

這隻白鷺鷥名字叫做櫻子。

櫻子顯露出四顧無鳥的樣子。

當然櫻子也沒有把達克放在眼裡。

達克似乎很識趣,他沒有去驅趕櫻子,反而是靜靜地待在原地,看著櫻子清理羽毛優雅的姿態。

櫻子用單腳站立,她的嘴巴輕輕地從水面划過,然後撥起一點水花,用嘴巴殘餘的清水清理著自己的羽毛。

在旁邊目睹這一切的朱立安不禁偷偷下了一個結論。

所有的公鳥都是好色的。

因為達克面對兩隻公的紅冠水雞嬉皮與洛基都不假辭色加以驅趕,讓嬉皮與洛基常常驚慌失措,

達克並以此為樂。

　　但是面對優雅又美麗的櫻子，達克此時像是一隻被解除武裝的鴨子，不，他本來就是一隻鴨子，一隻公鴨，達克此時像是一隻被解除武裝的戰士，面對敵人完全無力招架，任人擺布，只能靜靜地呆在原地，欣賞櫻子的身影與丰姿。

　　朱立安待土撥鼠放學後，迫不及待地要告訴她這個故事。

　　土撥鼠聽完後，不禁質問朱立安，難道你不好色嗎？

　　朱立安此時保持沉默，無法回答。

　　那一夜，雲林溪下著大雨，溪水暴漲。

　　朱立安與土撥鼠擔心著紅冠水雞的安危，竟也開始擔心起達克。

　　朱立安說，應該不會有問題的，不要擔心。

　　隔天土撥鼠去上學了。

　　朱立安趕忙去雲林溪巡視一番，發現達克還在，而且更神奇地是，達克已經不會驅趕紅冠水雞了。也不知道什麼緣故，當紅冠水雞嬉皮與洛基出現在達克身邊時，他竟然都毫無所動。不知道是不是在櫻子面前要故做紳士風範，總而言之，達克收拾起惡霸的嘴臉，讓朱立安感到十分驚奇。

　　那天晚上，他告訴放學後的土撥鼠。

　　土撥鼠與朱立安忍不住要去雲林溪看達克。

　　達克安安靜靜地躲在草叢裡，蹲在那裡休息，似乎已經睡著了。


　　後來，朱立安每天都要去看達克，只要看到達克，他就感到安心。

　　達克甚至已經成為朱立安的日常。

　　然後朱立安每天都會跟放學後的土撥鼠報告當天達克的狀況，包括在那裡出現，然後正在做什麼事情等等，好像達克是他們的家人一樣。


　　其實達克自己也覺得很奇怪。

　　不知道為什麼朱立安跟土撥鼠突然變得這麼友善。

　　他一開始是不太適應沒有人理會的日子。

　　因為他在原本的鴨寮已經是鴨王的繼承人，所以，大部分的鴨子都是仰視著他，把他當成偶像在崇拜。尤其是母鴨子，甚至經常是對他拋媚眼。

　　但是來到雲林溪，這裡只有幾隻紅冠水雞，原本達克驅趕紅冠水雞是為了宣示領域，同時驅趕顯示自己的存在感。但是，後來，紅冠水雞害怕達克，不敢跟他親近，達克反而更寂寞了。

櫻子更是從來沒有正眼瞧過達克一眼。

因為達克對櫻子來說太矮了。

櫻子站在水裡，足足比達克高出兩個頭，達克站起來都沒有櫻子的腿高，難怪櫻子從來都看不上他。

這讓達克反而心生自卑感。

他不再欺侮紅冠水雞，反而對他們變得比較友善。

達克常常站在遠處，希望櫻子能夠注意到他，但好像一直都沒有效果，注定是徒勞無功。

土撥鼠對朱立安說，七月半快到了，達克會不會被抓走呢？

的確，台語有個俗諺，七月半鴨不知死。

朱立安也很擔心。

雲林溪經常有人違規釣魚。

明明溪邊有公告，禁止釣魚。

偏偏就是經常有人去釣魚，巡守人員勸阻也不聽，巡守人員剛走，又出現在原地繼續垂釣。

這些人可以違法垂釣，當然也有可能去捉達克。

朱立安跟土撥鼠說，真的有人要捉達克，我們也沒有能力勸阻。

由於土撥鼠每天都要前往學校上課。

每天去巡視達克是否平安的任務就交給朱立安了。

朱立安每天看到達克平安就覺得很安心。

達克原本是在藝術水岸公園附近的雲林溪水域，後來也曾經跑到官邸兒童館後面的水域，甚至曾經到達縣長官邸後面雲林溪的人工島附近覓食，但是基本上都平安無事。

雖然達克目標顯明，但是他經常停留在水中，如果有人想要偷偷抓捕他，應該也是有困難。

今年夏季的雨量特別豐厚，幾乎常常下雨，尤其是颱風來襲，帶來大量的西南氣流，雨則下不停。

有一天早上，朱立安發現達克不見了。

前一天晚上下大雨，或許又被沖走了。

朱立安告訴土撥鼠。

兩個人晚上又去雲林溪尋覓了一遍，仍然不見達克的蹤跡。

連續幾天後，朱立安已經死心了。

他不再尋找達克。

土撥鼠覺得，達克應該是遇到另外一隻母鴨子。

這隻母鴨因為尋求自由，所以飛離鴨寮，她跟

達克因為互相喜愛，彼此相戀，最後決定遠走高飛。

土撥鼠覺得，她跟朱立安經常責罵達克，所以達克覺得自己不受喜愛，決定跟新認識的母鴨離開這個傷心地。

朱立安則是認為，達克是被大雨沖到這裡的，所以也是被大雨沖到下游去了。

他一定是半夜下雨，雨勢太大，沒有察覺，等到發現時，已經沖到下游了。反正，他上次也是被大雨沖離鴨寮，然後來到這裡，所以這次被大雨沖到下游去，也不奇怪。

朱立安感嘆，其實達克不再霸凌紅冠水雞後，他就開始喜歡上達克了。

所以他每天都要去探望達克，只可惜今年夏天大雨特別多，所以，命運捉弄，達克怎麼被沖到這裡，就怎麼被沖到下游去。

後來，朱立安就慢慢習慣在雲林溪看不到達克的身影。

每一次土撥鼠晚上在雲林溪畔散步，想要找尋達克的蹤跡時，他都會阻止土撥鼠。

但是，白天，當土撥鼠去學校的時候，朱立安自己在雲林溪畔散步時，也會期待再次看到達克，雖然希望渺茫，但他仍然這樣盼望著。

涵碧樓傳奇

## 涵碧樓傳奇

這是一棟位於雲林溪畔的西班牙式建築，她的主人是一個瘋狂的女人，至少在她那個時代而言是如此。

她的瘋狂並非只是興建了這棟三層樓的西班牙式建築，這棟建築物可以媲美當時島嶼上的任何其他建築，包括台灣總督府，而台灣總督府的建築風格跟日本東京車站、韓國首爾車站都屬於當時著名的辰野風格建築。同時，她的商業帝國在當時的台灣也是首屈一指的，這使得許多人忌妒她的成就，不惜用瘋狂來形容她。

陳林氏寶一早起床，便開始打點今天的生意。

她先是吩咐當鋪的主事將最近一個月的帳簿給她過目，另外又吩咐膠灰的掌櫃最近要進貨，接著將負責酒類生意的阿善派遣去總督府取得販賣酒類飲品的許可。

從二樓的陽台望出去，雲林溪的溪水潺潺流過，河面上停留著一隻白色的鷺鷥，正在清理她的羽毛。

陳林氏寶穿著極為樸素的旗袍，走下樓梯到達

　　一樓，管家通知她日本憲兵隊軍曹中川帶著一個日本人西川滿要來參觀，陳林氏寶不敢怠慢，在二樓臥室整裝完畢後，立刻下樓接待客人。

　　西川滿穿著一套白色的西裝，戴著一頂白色的圓形帽，戴著一副圓形眼鏡，正與憲兵軍曹中川在客廳等候。他們見陳林氏寶從樓梯上走下去，馬上從座位上站起來，向她致意。

　　中川軍曹對她行舉手禮，手貼緊帽沿，不敢有一絲苟且，因為她是總督面前的紅人，而西川滿對於這位女丈夫也已有所聞，脫下白色圓帽，對她行鞠躬禮。

　　陳林氏寶用手示意他們坐下，口裡竟吐出簡單的日文「どうぞ」，下人們早就準備好了茶水，她示意客人們可以品嘗一下。原來陳林氏寶為了跟總督見面，早就偷偷請日本人當家教，學會一些日常簡單的會話，此時此刻正好派上用場，中川軍曹早就知道她學會講日語，但西川滿倒是有點驚訝。

　　陳林氏寶在主位坐定後，她的日文翻譯早就在一旁隨時準備協助翻譯客人的談話，陳林氏寶也早在下樓前就從翻譯處獲知西川滿是一位著名的詩人及小說家。

　　我遇見西川滿了！

「西川滿是誰？」，她疑惑地問。

「一個詩人跟小說家」，我答。

她沒有繼續追問。

「正確地來說，是西川滿遇到陳林氏寶。」，我補充道。

她依然沒有作聲。繼續躺在床上玩她的手機。

突然之間，她產生了興趣，問說，「他們會戀愛嗎？」

我算了一算，「陳林氏寶生於 1874 年，西川滿生於 1908 年，兩人相差三十四歲，應該不可能談戀愛。」，我說。

她說，「我的學生差我三十歲，一樣很愛慕我，有什麼不可呢！」

興建西班牙式建築前，陳林氏寶去了一趟台北，晉見了當時的台灣總督田健治郎。

陳林氏寶從自家的公館步行到達斗六火車站，距離並不遠，但是因為穿著正式，今天她穿了一件旗袍，加上一舉一動都受到旁人的關注，所以，她的步伐比著農婦裝的時候遲緩，大約晚了五分鐘才到達火車站。

她其實可以坐轎子前往火車站，但是她習慣步行。

　　看不出來一個願意花三十二萬日圓興建一棟三層樓西班牙式建築的貴婦，竟捨不得雇轎子，而寧願走路到火車站搭火車。

　　火車往北走，行經林內，然後跨越了濁水溪。

　　她看著遠處的青山，山嵐飄逸，峰巒迷濛。

　　這雲霧瀰漫的山巒起伏，好似她的一生。

　　二十四歲開始守寡時，乙未戰爭剛結束，戰亂頻仍，人心惶惶。但她別無他想，只想撐起整個家。回到娘家，開始一點一滴地從事農作，攢積家蓄。後來投資於商賈之間，兼營南北貨，並買賣膠灰，竟然逐漸致富。

　　但她乃一介女流之輩，經常被斗六街上的殷實豪門瞧不起，她也不願自居名流，從未涉足政治，因此，日本領台之初，涉入台灣民主國政務的仕紳階級中，都毫無她的蹤跡。

　　日本平定各地民亂後，憲兵隊等各單位開始調查民情，獲悉陳林氏寶背景單純，從未涉入任何反日抗爭的活動，早已決定選擇她為仕紳的標竿與典範，並且從中給予其不少經商的便利之處。

　　土地清查的時候，不少仕紳惡意將土地插旗登記給陳林氏寶，意圖嫁禍給陳林氏寶，當時陳林氏寶尚不知情，乃憲兵隊軍曹告知。日後，不少仕紳反悔，意圖翻案，日本政府一概不受理，甚至對於

企圖翻案者，要追加欺騙日本政府罪責，從此這些
仕紳就不敢再翻案或追究，但是卻經常造謠汙衊陳
林氏寶的形象，說她串通日本人，從未支持抗日義
勇軍。

　　她看著火車通過濁水溪的鐵橋，望著橋下混濁
的溪水，想像自己的處境當時極端凶險，也只能配
合日本人將計就計，白白得了三百甲良田，可謂因
禍得福。從此開始她跟日本憲兵隊及總督府互相配
合的日子。

　　當時總督府挑選了四個地方興建豪奢大樓來誇
耀日人的統治如何使得台灣這個殖民地欣欣向榮，
老百姓豐衣足食，以便日本自己的媒體以及外國媒
體宣傳，陳林氏寶公館便成為四大名樓之一 。

　　她不禁搖搖頭，感嘆這真的都是命運的安排。

　　當年興建大樓時，不足的經費還是由總督府幫
忙籌措，日後總督府才用徵稅的名義索回貸款，所
以，她這幾年生意興隆賺的錢，有一部分都必須繳
回給總督府，實際上就是本金帶利息繳還貸款給總
督府。

　　錢從總督府出來，經過陳林氏寶，再回流到總
督府。

　　陳林氏寶感覺自己只是過路財神，富貴如浮
雲，轉眼間消失即瞬。

　　接見西川滿前，陳林氏寶專程又前往台北晉見台灣總督小林躋造。

　　這一次總督面見，應該是要答應給她酒類專賣許可，當然，另外一方面就是希望她能夠每年多繳納一些稅金，以便加速償還因興建大樓而積欠總督府的鉅額貸款。因為大日本帝國連年征戰，南進政策推行過程中，大東亞戰爭已經即將遠征到緬甸，總督府被賦予任務要每年增加歲收，小林躋造的壓力也很大，羊毛出在羊身上，何況是當年這些受惠於日本政府的仕紳階級呢。

　　陳林氏寶感覺到旅途的勞頓，因為自己年歲漸長，經不起這種顛簸，開始閉目養神，不久竟沉沉睡去。

　　西川滿拜訪陳林氏寶之前，站在斗六大橋幫陳林氏寶公館拍攝了一張照片。這可能是斗六涵碧樓目前僅存最早的照片之一。

　　西川滿沒有讓鄭津梁陪同他到陳林氏寶公館，反而是讓憲兵軍曹中川陪同，因為中川也有事情要找陳林氏寶。主要是要提醒陳林氏寶今年的賦稅要準時繳納，因為總督府很關切這件事情。而西川滿則是對於陳林氏寶這個具備「女丈夫」名號的女人十分好奇及仰慕，因此希望能夠親自前往拜會，一睹她的丰采。

　　鐵國山事件後，斗六堡以東五十五村慘遭日軍無差別屠殺對待，山線部分的雲林人口幾乎被屠殺殆盡，就算沒有被屠殺，對於日本政府的宣告，眾人也抱著懷疑的眼光，不知道是不是背後又有什麼陰謀。

　　正當這個時候，日本政府突然宣布要清查地籍，要求每筆土地必須插旗確認土地所有權人，許多地主害怕被事後報復，不敢承認自己的土地，就被日本政府收歸公有。

　　鄭津梁的父親鄭芳春便是斗六地區數一數二的大地主。

　　有些地主心存歹念，想要陷害守寡的陳林氏寶，竟然在自己的土地上插旗標示陳林氏寶的名字，想要看看日本政府怎麼對付陳林氏寶。日本政府明明知道，也假裝不知，因為大屠殺之後需要建立新的秩序，既然土地上插著旗標示陳林氏寶，就登記在陳林氏寶的名下，顯示日本政府令出必行、言而有信。

　　這些地主暗暗叫苦，偷偷跑去找陳林氏寶哭訴，說自己的土地被日本政府登記在她的名下，希望她能夠歸還土地，陳林氏寶沒有直接拒絕，只是回答說，如果登記有錯誤，應該找日本政府申訴，

結果這些地主大都不敢去找日本政府申訴，有人去申訴也吃了閉門羹。倒是有一些人心有未甘，認為陳林氏寶白白得了便宜，甚至故意造謠說陳林氏寶是個「瘋婆子」。

也有地主認為，陳林氏寶在鐵國山抗日行動中，完全沒有支持義勇軍，事後竟然趁著戰亂，討好日本人，取得三百多甲土地，是個漢奸、賣國賊，甘願當日本人的走狗，因此故意在背後說她的壞話，並且跟她保持距離。

由於陳林氏寶與日本憲兵隊關係交好，在剿滅匪徒的過程中，遇到被抓獲的重要匪首，都會關押在陳林氏寶宅邸的地下室，由專人看守，為了獲知其他匪徒的行蹤，半夜時甚至會聽到憲兵刑求犯人，犯人發出的哀嚎與呻吟聲，讓陳林氏寶久久不能安眠，每當這個時候，她就寧願回到遠離此樓的老家睡覺，圖個清靜。

鄭芳春雖然沒有企圖栽贓給陳林氏寶，但是因為自己涉入台灣民主國的政務中，曾被日本政府列為匪首，後來歸順日本才洗清罪名，所以對待日人戰戰兢兢，不敢造次，對於陳林氏寶跟日本交好的關係也十分敬畏，乾脆就敬而遠之，不敢也不願出入她的公館，免得被說是漢奸、日本人的走狗。

　　我看到西川滿來過斗六，甚至曾經造訪涵碧樓，不禁非常興奮。

　　「這篇小說增加了不少文學底蘊，應該可以得獎吧！」，我說。

　　「對阿！應該可以得獎。」，她隨意地應和著，雙手仍忙著用手指操作手機螢幕，聚精會神地在螢幕的手遊戰略遊戲上。

　　「我找到一本西川滿寫的『雲林記』，明天打算去書店買回來。」她沒有再答腔，可能是手機螢幕上戰況太激烈了。

　　西川滿當天晚上住在聽雨山房，天空果真下起了雨。

　　他想到「西廂記」裡面，崔鶯鶯等待張君瑞偷偷從西廂的圍牆爬進她的閨房與其幽會，原本是「西廂待月」的浪漫情景此刻竟成了「西廂聽雨」了。

　　他聽了一夜的雨聲，忍不住為這個地方寫了一篇類似遊記的小說。

　　這是一個盜賊四起，不易平定的地方。西川滿前來斗六門之前也曾做過一些功課，知道皇軍在這裡為了平定「民亂」造成大量的死傷，但這些死傷對於他而言，可能不如北白川宮能久親王的神社重

要。

　　他決定隔天一大早要前往祭拜北白川宮能久親王的神社，以表達對能久親王的敬意。

　　做為一名會津人，他繼承了會津藩的傳統，在幕末是支持幕府將軍的佐幕派主力，對於西川滿而言，幕末遵奉的東武天皇，也就是能久親王，地位如同神一樣，他怎能經過雲林而不前往祭拜呢？

　　也因為能久親王的犧牲，讓西川滿對於發生在斗六門以東的屠殺事件視若無睹，大概是這些屠殺都不及東武天皇的陣亡來得壯烈犧牲吧！

　　陳林氏寶不是不害怕戰亂，而是非常害怕戰亂。

　　正是因為害怕戰亂，所以，只要能夠恢復秩序，是清朝皇帝統治也好，是日本天皇統治也好，都好，不要一直殺人就好，不要一直動亂，就好，是誰來徵稅，都好。

　　鐵國山事件中那些抗日義勇軍，對陳林氏寶而言，跟土匪差不了多少，事實上，他們其中的某些人，原本就是土匪。

　　陳林氏寶心想，當初苦蕉腳的匪首林新慶要歸順的時候，鄭芳春的母親也規勸兒子不要陪同歸順委員今村平藏前往，就是擔心這些人都是亡命之

徒，反覆無常，恐怕鄭芳春有性命之憂，最後才由秀才吳克明陪同。所謂抗日義勇軍中，有多少原本就是昔日為非作歹的匪徒，又有多少是挾私怨而為之呢，難道這些仕紳階級會不知道嗎。

想到這裡，陳林氏寶不禁又嘆了一口氣，他開始同情起鄭芳春的遭遇，他表面上對日本人恭恭敬敬，心裡何嘗不是暗暗叫苦呢。

鄭芳春事後對於未能陪同前往芎蕉腳這件事一直表示遺憾，其實，他心裡也不想去吧！母親的阻止當然只是藉口。

西川滿對此還信以為真，確實是浪漫過了頭。

西川滿來過斗六門，也去過赤崁樓，從現在的角度來看，他比較像是天龍國的人，偶而來一下南部，寫個遊記式的小說，聊表對於這些地方的重視。然後又匆匆北返，反正，以後也不會再來這些地方，只是用文學創作的方式消費一下這些文化邊陲地區。

陳林氏寶初見西川滿時，確實覺得這個日本年輕人有點浪漫過了頭，他帶著一台相機，向陳林氏寶表示，剛剛在斗六大橋拍攝了華麗的西班牙式建築—陳林氏寶公館，她難掩臉上得意之情，甚至笑

出聲來，還用日文向西川滿致謝，「ありがとうございました」。

　　陳林氏寶沒有多說些什麼，只是囑咐管家帶西川滿逛逛整棟建築物，憲兵軍曹中川則順便護送陳林氏寶外出洽公，中川特地告知今年繳交的稅額，並且正式通知她已經取得酒類專賣的執照許可，讓陳林氏寶放心。

　　陳林氏寶可能想像不到，後人對於她的印象僅止於這棟建築物，而且還把她形容成「瘋婆仔」，對於她在總督府中「女丈夫」的形象甚少提及，而為這棟建築物留下珍貴畫面的竟然就是這個在她眼中過度浪漫、不切實際的詩人兼小說家日本青年西川滿。

　　西川滿在聽雨山房夜宿時，想到白天在雲林溪畔邂逅的小青。

　　這個時節在日本內地通常是飄著雪的天氣，不管是在他的故鄉會津，或者是他念早稻田大學的東京。南島的氣溫沒有日本那種寒意，反而在晴朗的午後有一種溫暖的氣息，在那樣的溫暖氣息裡，他邂逅了南國小姑娘小青。

　　小青那時候正曬著太陽，穿著一件綠色單薄的連身襯衣，露出潔白的臂膀與小腿，在冬意裡，激

起的並非是原始的慾望，而比較像是可以溫暖冬日
旅人的一壺清酒，喝下去的時候，可以祛除身體的
寒冷，讓旅人休息片刻後可以重新上路。

　　我們經常在雲林溪畔賞鳥。
　　自從雲林溪掀蓋後，可以欣賞的鳥類變多了。
　　冬日的早晨，當太陽升起之後，陽光灑落河
面，映照著藍色的天空，白色的鷺鷥飛過藍色的河
面，很像一幅在日本殖民時期最流行的印象主義油
畫。
　　「西川滿懂得繪畫，他曾以西條まさを為筆
名，西條八十是他喜愛的詩人，而加藤まさを則是
他喜愛的畫家。」，說到這裡，她突然對西川滿產
生了好感，雖然她還是搞不太清楚西川滿是誰。
　　「我覺得你應該會得獎，因為西川滿的關
係。」，她突然這麼說，但是，我總覺得這句話是
在安慰我，一如她告訴我，看到青鳥會得到幸福一
樣。

　　西川滿看到小青的時候，也想到了陳林氏寶，
陳林氏寶傳說以前是個藝妓，所以應該頗具才藝。
其實，她十二歲曾經跟一個秀才念過私塾，以一個
清末的女子而言，能夠受教育已經非常不容易。對

於一個崇尚浪漫主義，會介紹波特萊爾惡之華的西川滿而言，禮教的束縛不但不重要，個性的解放應該會增添一個女人對於他的魅力吧！

我突然想到，她躺在床上問過我的，「西川滿跟陳林氏寶會不會談戀愛呢？」。

陳林氏寶看到的世界，是一個動亂的世界，看到一個動亂的世界，她想到的是好好活下去。二十四歲就守寡，代表的意義就是自己必須堅強地活下去，沒有任何理由，面對亂世，自己得要好好活下去。

斗六仕紳鄭芳春曾在台灣民主國裡面，擔任哨官，日本人最終也是拉攏他擔任斗六區長的職務，顯示日本人在統治台灣之初，經歷乙未戰爭時期一開始的武力征服後，接下來就是希望安定民生，以便能夠促進商業繁榮，從中獲取稅收，歷史上的一治一亂，莫非不是如此，陳林氏寶早已悟透這個道理。

對於西川滿而言，鄭芳春這名仕紳，以及其子鄭津梁更是滿足其浪漫主義的想像，在其他日本人以為是瘴癘的蠻荒之地，卻是讓他抒發其詩情的高貴處所，西川滿對於此行大有其「高貴的野蠻人」

的賦託。

　　我從誠品購得西川滿的「雲林記與秀姑巒島記」的書籍後，走過信義計畫區的百貨商圈，不會有人在意西川滿的浪漫情懷，南方一如既往都是蠻荒之地，這個城市的繁華原本就是造就於來自北方殖民侵略者的手筆，如同許多遊客站立在一○一大樓下自拍一樣，西川滿站立在斗六大橋所拍攝的陳林氏寶公館，也就是後來的涵碧樓，做為一種地景，其意涵並沒有不同於一百年後一○一大樓之於自拍的觀光客，他們都想看見自己，在地景中凸顯自己的意義。

　　西川滿的浪漫主義並不庸俗，他只是殖民情愫的複製。

　　征服而後教化，並且取得對方的認同，至少形式上的認同。

　　西川滿在書寫的形式中取得這種認同，並且享受這種認同。

　　我想一想，這樣的書寫不會得獎，而且不像小說，也許應該刪掉。

　　每個人心中都有個洞，別人無法填補，自己也填補不了，只留著識別用。西川滿心中的那個洞，只有東武天皇能久親王才能填補，西川滿佯裝成征

服者來到南島，使被征服者接受文明的洗禮，但他在幕末戰爭中，早已成為被征服者，他來到南島，憐憫著被征服的野蠻人，其實是憐憫著自己，一如酒客憐憫著酒女，唱著南都夜曲時，其實是在悲憫自己的命運。

西川滿走在雲林溪邊，看著陳林氏寶公館，看得如癡如醉。中川軍曹不禁提醒並引導他跟鄭津梁往昭和皇太子行館方向前進，行館全棟都由紅磚所建造，窗戶係木造，行館之外，還有幾棟小屋係供護衛及隨從居住，分別在行館的北側有三棟，南側則有四棟，格局雖然沒有行館的規模龐大，但建築格局及材料也都一絲不苟，顯露出皇家氣派。

西川滿並未多做停留，甚至有點漫不經心，他帶著相機，並沒有企圖留影，這一點鄭津梁也發現了，因為西川滿在陳林氏寶公館前留影時，相機的角度調整了很長一段時間，應該是希望拍攝到最佳角度，但是到了昭和皇太子行館時，卻有點走馬看花，中川軍曹解說這棟建築的緣由以及昭和皇太子的行蹤時，西川滿心裡想的是，如果戊辰政爭係由東武天皇勝出的話，現今此行館該為何人而建呢？

有別於在行館的走馬看花，隔天西川滿造訪能久親王神社時，在櫻花林駐足良久，他端詳每棵櫻花的樣子，想要為每棵櫻花都取一個名字，甚至不

想錯過每朵櫻花在枝頭上的姿態，彷彿他觀賞的是
神武天皇英靈展現的姿態，在他面前是王者，儘管
內閣宣布能久親王病死，但許多人猜想他是戰死在
台灣，天皇戰死在台灣的英姿，不就等同於枝頭上
這些櫻花的姿態那樣傲人嗎？他恭恭敬敬地在此地
種植了一棵櫻花，作為幕末效忠東武天皇的會津藩
士，他展現了武士道應該的忠誠。

　　這樣看好像西川滿日子過得很悲情，其實不
然。

　　西川滿在斗六街上散步遊蕩時，也曾吟詩。

日斜風冷倚窗紗
皓齒凝脂對暮霞
香氣滿庭朱檻寂
西廊幾朵玉簪花

　　這首詩其實是在描繪酒樓中的酒女，大概相當
於日本人眼中的藝伎，只是這些台灣酒樓的酒女不
似京都的藝伎那般有才華及技藝，但對於遠在南方
蠻荒之地的西川滿而言，這樣的豔遇已經足夠令他
傾心了。

　　大中午吃個午飯就得跑去酒樓，這樣的日子還
不算過得愜意嗎！一跑去酒樓當然就遠遠聞到女人

香，我們甚至不知道他是不是因為聞到女人香才跑去酒樓吃午飯，總之，他遇到一個小姑娘叫做小青，人家中午不陪酒，他搭訕了半天，抱怨小姑娘不來陪酒，小姑娘只好跟他說你晚上再來吧！我晚上一定陪你喝酒。當然晚上要陪酒，因為酒女都是晚上上班的。

西川滿在斗六的小日子過得其實挺愜意的，雖然他待的不算長。

但是他後來創辦了文藝台灣，這本刊物是從詩刊演變而來，後來小說也收錄，藝術與音樂都談，包羅萬象，顯示他的多才多藝。這些他創立的文藝刊物作者中，在台日本人居多數，內地日本作家也有，再來才是台籍作家。

西川滿的父親經營煤礦，家境還算寬裕，所以衣食無憂，詩與小說都可以創作，也喜歡藝術與音樂。

他不但自己介紹浪漫主義，譬如谷崎潤一郎的春琴抄、中國古典小說西廂記及波特萊爾的惡之華等，還批評台籍作家搞寫實主義是「糞便」，這下子把不少台籍作家給惹火了，最終掀起了一場筆戰，因為他罵台籍作家寫實主義的作品是「糞便」，所以，楊逵就出來辯護說，「糞便」也有他的價值。

秀才吳克明曾邀請了梁啟超造訪斗六。

吳克明原本也是被日本政府視為匪首，後來跟其他仕紳一樣選擇歸順。

這梁啟超在大清帝國搞了戊戌變法，轟轟烈烈地，無人不知，無人不曉。

辜顯榮、林獻堂等人慕其名，邀請來台訪問，把日本人搞得很頭痛，一個叫做池田的台南廳長負責監控梁啟超的行程。

梁啟超去了林獻堂的老家櫟社，寫了不少詩互相唱和。

最難得的是，梁啟超造訪斗六，還寫了一首斗六吏，把日本政府的官吏冷嘲熱諷罵了一頓，大意是說日本人壓榨蔗農，低價收購，讓蔗農入不敷出、虧損連連，最後只好低價出售土地，這首五言古詩其實罵得好，當時台灣社會也有俗諺：第一憨，吃菸吹風，第二憨，種甘蔗給會社秤，大意是說最傻的人第一種是抽鴉片，第二種是種甘蔗賣給製糖會社。

這首俗諺充分反映了當時台灣產業狀況與農民生活的苦楚。

西川滿當然不會在乎梁啟超的批評，因為梁啟超比他早三十年造訪斗六，雖然日本製糖株式會社

壓榨農民的情況三十年後並沒有改變，反而更加變本加厲，但是對於西川滿而言，反映這些情況的現實主義文學都是「糞便」，或者應該說台籍作家寫的作品都是「糞便」。

這樣我們就更能體會西川滿的浪漫主義與台籍作家的寫實主義之間的反差，當然，他不會改變他的浪漫主義，就像台籍作家不會改變他們的寫實主義一樣。畢竟彼此處境不同，寫作風格的差異無非只是反映這樣身分的差異罷了。

所以，陳林氏寶在自家公館看見西川滿時，就覺得這個日本年輕人身上有一種不切實際的浪漫主義。

但是，也會有人說，陳林氏寶的公館，建築物本身也透露了一種姑且不稱做浪漫主義的不切實際。譬如光是一根避雷針就用掉數百公斤的白金，青銅鑄瓦數萬公斤，造價為三十二萬日圓，當時白米一斗才三角，公務員平均月薪三十圓，因此造價屬於天價，一個公務員要工作八百年，不吃不喝才能累積足夠的金錢興建這棟三層樓的西班牙式建築。

所以，西川滿從這棟三層樓的西班牙式建築，看到陳林氏寶的浪漫主義，他愛上這棟建築，因此他也愛上這棟建築物的女主人陳林氏寶，他看見她

的時候，眼中閃耀著一種傾慕的目光，一種激情。

那根花掉數百公斤白金的避雷針，有些精神分析學者認為是陽具崇拜的象徵，我們不知道陳林氏寶是不是陽具崇拜，但我們不能否認她崇拜權勢，她如果不崇拜權勢，不會結交總督府的日本高官，她如果不崇拜權勢，不會如此豪奢炫富，她如果不崇拜權勢，不會興建如此高聳堅挺又極盡豪奢的避雷針，在這棟有希臘圓柱設計的西班牙式建築風格裡面，夾雜著一支哥德式的避雷針，一支企圖往上碰觸到天的避雷針，那是一種權勢頂峰的象徵，無疑地，在看到那棟建築物的第一刻，在看到那支避雷針的那一刻，陳林氏寶宅邸，也就是涵碧樓，連同陳林氏寶本人，早就將西川滿征服了。

與其說陳林氏寶有陽具崇拜，不如說西川滿也有陽具崇拜，而且可能更嚴重，這一點同時體現在他對東武天皇的崇敬上，體現在他對大日本帝國的崇敬上，或者應該說，西川滿對大日本帝國的崇拜，本質上，就是一種陽具崇拜。

那天晚上，沒有下雨，天空異常晴朗。

月如鉤，月兒彎彎照九州。

空氣中有一種清新，也有一種冷冽。

斗杓即將東指，意謂著一年又到了盡頭，韶光

易逝，歲月如流，雲林川的溪水依舊潺潺流過，白
日奔忙的人們已經都在歇息了。

西川滿將小青約到陳林氏寶公館前，一側矮牆
旁的涼亭喝酒，這裡栽植了一排櫻花，早春的櫻
花，淡淡地開了幾朵，而梅花則已經盛開了，遠遠
地就可以聞到撲鼻香。暗香浮動，疑有佳人來。

能夠將小青邀請出台，從酒樓到涼亭喝酒，不
僅是因為客人身分尊貴，同時也是因為有當地仕紳
梅里淳（鄭津梁）作保，但梅里淳只做保不做陪，
酒樓負責溫了幾壺清酒，併同幾樣小菜送來，還好
路程不遠，送過來時酒仍仍是溫的，酒樓十分貼
心，另用柴火燒了一壺開水，將其餘的清酒泡在熱
水裡保溫。

小青身穿一件綠色的肚兜，外罩薄紗，露出肩
膀上的肌膚，雖不似西川滿新婚妻子那樣潔白的肌
膚，但在微微的燭光下仍顯得誘人，文人雅士，醉
翁之意不在酒，酒席之間，梅花撲鼻、暗香浮動，
確實頗富情趣。

小青談起自己的故鄉茅蕉腳，西川滿憶起那裡
有些尚未歸順的盜匪，小青唱起「水鬼」的兒歌，
惹得他趣味橫生，又唱起「九月秋風陣陣來」的民
歌，頗有淒涼的意味，西川滿並未聞到其中的寫實
主義…，否則可能又要責罵其為「糞便」，那就大

煞風景了。

> 九月秋風漸漸來
> 無被蓋米篩
> 甘蔗粕拾來蓋目眉
> 柑殼錢拾來蓋肚臍
> 網斗紗拾來蓋腳尾
> 身體蓋密密不知此寒何處來

　　小青的歌聲中，其實正在哀嘆自己貧苦的身世。

　　西川滿一邊飲酒，一邊與小青調情，兩人嬉笑怒罵，言語大都不通，竟然能夠互相應和，大概是天地造物，自古陰陽就能調和吧！

　　近在二樓臥室裡的陳林氏寶，在黑暗中都看見了。

　　她也曾是酒樓裡面的紅牌，士紳商賈眼中的曼妙少女，坐在不同男人的近身甚至大腿上伺候飲酒，間或調情，偶有客人相看對眼，一夜雲雨、逢場作戲，倒也快活，如今年華老去，目睹涼亭內的二人，恣意任為，雖不至於羨慕，但也只能感嘆青春易逝。

　　西川滿似乎早已預見陳林氏寶的窺視，表現得

更為放浪行骸，他開始撫摸小青柔嫩的肌膚，甚至親吻其項背，小青經此一折騰，身體頓感酥軟，倒在他懷中。

陳林氏寶看到此處，就閃避目光，停止窺視，躲到自己的床上，闔上棉被，但仍輾轉反側，直到半夜，才因體力不支，逐漸睡去。

西川滿與小青兩人互相攙扶，走到朱丹灣民宅的聽雨山房，西川滿的寄宿處，兩人同床共枕，相擁入眠，但並未發生任何苟且之事。

主人梅里淳早已交代奴僕不得聲張，他自己也保持沉默。並早已通報義賓閣老板知情，這一夜，雲林溪的溪水仍然潺潺流動，蟲鳴聲不絕於耳，更添寂靜，人世間的仇恨戰亂，彷彿在紅男綠女相擁入眠的一刻，止息了。

這一夜的早開櫻花、梅花飄落，以及微溫春酒，都為涵碧樓的歷史留下不為人知，而又難忘的一夜，以及難忘的一頁。


因為宿醉，西川滿有點晚起。

起床後，他隱隱約約記得，昨晚與小青相擁入眠。

但是醒來時，已經人去樓空，小青不知何時離開，讓西川滿感覺像是夢一樣的存在樣態。

　　但床鋪上伊人殘留的體香，氣味仍然強烈，證明昨晚的風流韻事，並非完全不留痕跡。

　　西川滿整理一下行囊，用完早膳，匆匆向主人告別，便立即步行前往火車站，這條從朱丹灣往火車站的路，當時仍是塵土飛揚，黃沙漫天，讓人看不清楚方向，他將搭火車前往下一個旅程，在那裡會見一些府城的文人雅士，並且寫下他的另外一部著名小說「赤崁記」。

　　我搭火車南下從台北回斗六，並繼續閱讀著「雲林記」。

　　小說「涵碧樓傳奇」仍然沒有寫完，但我已經不想得獎，因為心裡充滿了疑惑，因為心裡充滿了更多疑惑，等待解答。

　　我不想選邊站，我不想否定西川滿的浪漫主義，但我也不能否定楊逵的寫實主義，我喜歡花前月下，一壺濁酒喜相逢，古今多少事，盡付笑談中，我也喜歡批評時政，針貶時局，言所欲言，痛快淋漓，我不想得獎，只想要能夠我手寫我口，我手寫我心。

　　火車過了石榴，開始廣播，「斗六快到了。」我揹著簡單的行囊，走下車站，往剪票口行

進，步履闌珊。

夜色淒清，月台上沒有多少人影，略顯寂寥。

走到月台的另一端，正要爬上樓梯時，我默默回首凝望。

竟瞧見疑似西川滿的身影，正要登車。

他的臉上寫滿了滄桑，而非浪漫。

在他的眼神裡面，有一種孤單，一種整個林內神社只開了一朵櫻花的孤單。如果林內神社只開了一朵櫻花，西川滿應該希望他自己就是那朵櫻花，那麼晶瑩剔透，那麼完美無瑕。

涵碧樓傳奇

# 涵碧樓傳奇 雲林故事集

ISBN 978-986-0754-97-1

Printed in Taiwan, 2023

| | |
|---|---|
| 著 作 者 | 陳竹奇 |
| 發 行 人 | 艾天喜 |
| 發 行 所 | 致良出版社有限公司 |
| 編 輯 部 | 台北市南京西路 12 巷 9 號 5 樓 |
| 業 務 部 | 台北市南京西路 12 巷 19 號 1 樓 |
| 電 話 | (02) 2571-0558．2521-6904 |
| 傳 真 | (02) 2523-1891．2511-8182 |
| 網 址 | https://www.jlbooks.com.tw |
| E - mail | jlbooks@jlbooks.com.tw |
| 郵撥帳號 | 1076715-5　　戶名：致良出版社<br>(單次劃撥金額未滿 1000 元者，須加處理費 80 元) |
| 出版登記 | 局版台業字第 3641 號 |
| 印 刷 所 | 樺舍印前事業股份有限公司 |
| 初版一刷 | 中華民國 112 年 10 月 |
| 法律顧問 | 陳培豪律師 |

定價
320 元